反内耗心理学

FANNEIHAO XINLIXUE

内耗

张海君◎编著

中国出版集团有限公司
China Publishing Group Co., Ltd.
现代出版社

图书在版编目（CIP）数据

反内耗心理学 / 张海君编著. -- 北京 : 现代出版社, 2025. 5. -- ISBN 978-7-5231-1421-6

Ⅰ. B84

中国国家版本馆CIP数据核字第20253BR778号

反内耗心理学

FANNEIHAO XINLIXUE

编　著　张海君

责任编辑　贾子珍
出版发行　现代出版社
地　址　北京市安定门外安华里504号
邮政编码　100011
电　话　(010) 64267325
传　真　(010) 64245264
网　址　www.1980xd.com
印　刷　三河市嵩川印刷有限公司
开　本　710mm×1000mm　1/16
印　张　12
字　数　145千字
版　次　2025年7月第1版　2025年7月第1次印刷
书　号　ISBN 978-7-5231-1421-6
定　价　68.00元

前言

当代社会，快节奏、高压力的生活让很多人感到疲惫不已，甚至有时会产生一种无力感。回望我们的日常生活，每一天似乎都周旋在家庭、工作、人际交往之中，每一天都在为各种琐碎的甚至是鸡毛蒜皮一般的事物而烦忧，渐渐地，我们似乎走入了死胡同，四周全是高不可攀的围墙，而我们的内心也被一种无声的困境包围，陷入了无尽的内耗之中。

什么是内耗？简单来说，内耗是一种自我消耗的心理状态，它就像是一个隐藏在我们内心深处的敌人，随着时间的推移，悄悄吞噬我们原有的热情、活力和幸福，让我们不由自主地陷入自我怀疑之中，在一次次的焦虑、担忧、犹豫甚至是拖延中，让自己的内心与行动都变得迟缓，无法用积极向上的思维去思考和看待一切，反而只会因为一些小小失误而陷入深深的自责之中，最终将自己的能量耗尽，陷入无尽的迷茫和无助之中。

如此自我损耗的内心状态，不仅会让我们的身心承受巨大的压力，导致身心健康出现问题，而且还会让我们自身的社会交际能力、行动决策力等出现欠缺，最终导致一系列负面影响。所以，面对内耗，我们一定要学会说不，同时也要学会通过专业的心理学知识补给，来改变自我内耗的状态，让自己找到遗失的内心能量，最终凭借科学合理的积极措施来克服内耗。

基于这样的现实背景和意义，我们特意编写了这部《反内耗心理学》。本书以专业的心理学书籍为基础，从当代人自我内耗的现实出发，旨在为读者提供一个全面的指南，帮助大家认识内耗、摆脱内耗，实现心灵的成长和自由。

从内容来看，本书共分为六个篇章，从内耗的初探到思维的重构，从情绪的掌控到行动的赋能，从人际关系的和谐到心灵的滋养，每个篇章环环相扣，以层层递进的方式逐步引导读者走出自我内耗的泥潭，寻找积极向上的内心能量，最终拥抱健康、充实的生活。

值得一提的是，本书不仅提供了丰富的理论知识，还贴心编写了大量的实际案例和实用技巧，让读者能够轻松理解反内耗心理学的基础知识，同时更好地将它们运用到实际生活中。尤其是书中编排了丰富的阅读板块和插图，让每位读者获得更加丰富、充实、趣味的阅读体验，以此来更好地提升阅读收获。

总的来说，无论你是正在遭受内耗困扰的人，还是希望提升自己心理素质的人，这部《反内耗心理学》都非常值得一读。相信大家能从中获得有益于身心的阅读能量，成功开启反内耗的成长之旅！

目录

第一篇

内耗初探，自我觉醒的序章

第二篇

思维重构，挣脱内耗的枷锁

第三篇
情绪掌舵，驾驭内心的海洋

第四篇
行动赋能，跨越内耗的鸿沟

第五篇
人际和谐，共筑反内耗的防线

第六篇
心灵滋养，持续成长的源泉

第一篇

内耗初探，自我觉醒的序章

随着时代的发展和人们观念的进步，社会大众对于心理健康的关注度越来越高，“内耗”作为一种常见的心理问题引起了人们的重视。认识内耗、了解内耗是一种内心的自我觉醒，是一种对自身心理健康关注的表现。让我们一起来了解内耗，翻开自我觉醒的序章吧！

内耗多面性：解读内耗定义，揭开内耗神秘面纱

内耗难题

在周一的早高峰地铁上，上班族都一副精神抖擞的样子，只有张迪愁眉不展，因为她总感觉上班的每一天对自己来说都太煎熬了。在公司，对于领导交给自己的工作，张迪总是怀疑自己能否如期完成。即使工作完成了，她也总是感觉内心忐忑不安，总担心自己哪里做得不好。在和同事相处的过程中，张迪总是担心因为自己哪句话说错了，惹得他人不开心，她感觉自己难以真正地融入同事们的小圈子，一个朋友都没有。下班以后，张迪的精神也难以放松，她总是控制不住地去复盘当天的工作以及和同事相处的种种细节，不停地纠结自己是不是哪里做得不够好，有时候还会过度解读领导和同事的言行，然后陷入深深的内耗之中。这种情况持续了很长时间，甚至影响到了张迪的睡眠质量。每天一想到要去上班，她都感觉身心俱疲。

智慧点睛

现在，“内耗”这个词越来越多地被大众提及，那么什么是内耗呢？内耗就是从内在消耗自己，它是一种精神和认知层面的自我打压。人之所以会内耗，要么是因为求而不得，要么是因为自卑敏感。不管内耗是什么原因引起的，它都是一种不良的心理状态，长期的内耗会对人的身心健康产生危害。

反内耗知识

如何摆脱精神内耗

内耗会对我们的身心造成一定的危害，既然如此，我们就要想办法摆脱精神内耗，重新迎回快乐的生活。

1. 树立自信心

要看到自己的优点和长处，不要总是拿自己的短处和他人的长处作对比。做事情即使暂时没有达到自己的预期，也要相信自己有能力通过努力做得更好。

2. 接纳不完美的自己

每个人都是不完美的，有优点也有缺点。要学会接纳自己的不完美，即使有时候做不到也没关系。更重要的是，要发挥自己的优点，而不是一味地追求完美和弥补缺点。记住，你是独一无二的，你的存在本身就是宇宙多样性中不可或缺的一部分。接纳自己，包括自己的不完美，是摆脱精神内耗的重要一步。

3. 过好当下，积极行动

活在当下，不纠结于过去，也不要畏惧将来。放弃空想，积极地将自己的想法付诸实际行动，脚踏实地地过好现在。

4. 保持积极心态，关注当下

保持积极的心态对于摆脱精神内耗至关重要。用乐观的态度看待生活中的挑战和困难，将注意力集中在现在可以掌控和改变的事情上。不要过分担心未来或纠结于过去，而是珍惜当下，享受生活中的每一个瞬间。积极的心态能够激发你的内在动力，帮助你更好地应对生活中的各种挑战。

5. 增强掌控感，落实行动

要增强对当下的掌控感，将注意力从无法掌控的过去和未来拉回现在，明确自己的目标，并将这些目标拆解为现在可以执行的小步骤。从简单、易实施的目标开始，逐步行动。每一次的小改变都可能带来周围环境的变化，从而催化更多的积极改变。

实战演练

陈晨是一个特别内向敏感的人，她经常觉得自己过得很压抑。有一天，她无意中看到的一篇心理学方面的文章让她恍然大悟，原来自己一直以来的不快乐是由于内耗造成的，她决心做出改变。

陈晨首先从与人交往方面做出了改变。以前她总是会过分在意他人对自己的看法，所以在说话做事的时候她总是想尽办法让他人满意，一旦他人有一点不满意，自己就会陷入内疚和自责的情绪中。现在她开始慢慢改变自己的“讨好型人格”，在不伤害他人的前提下说话做事都遵循自己内心真实的想法，即使别人会因此感到不开心，她也会告诉自己这并不是自己的问题。以前一旦有什么事情自己做得不好，陈晨会将事情无限放大，内心一直耿耿于怀。现在她也在努力纠正自己的这种错误的心态。即使有什么事情做得不好，她也会不断提醒自己要吸取经验和教训，不再过分纠结自己的错误，下次努力做好就行了。

经过一段时间的改变，陈晨遇事不再内耗，她的生活变得阳光了起来，脸上也经常洋溢着快乐的笑容。

总结时刻

人之所以会内耗，是因为情绪调节出现了问题，遇到事情无法做到情绪自洽，无法给自己的负面情绪找到出口，这些不良情绪在内心积压就会慢慢变成心理问题。因此我们一定要对情绪问题更加重视，及时消解不良情绪，防止内耗。

内耗自我扫描：内耗探测器，向内向外探寻内耗

内耗难题

刘涛在平时的工作和生活中都是一个少言寡语的人，尽管工作能力很强，但他经常自我怀疑，遇到问题也从来不喜欢向他人倾诉，总喜欢将情绪深藏在自己的心底。

最近，领导将一件非常重要的工作交给了刘涛单独处理，这对于很多人来说都是非常难得的机会，但刘涛的生活却因此变得一团糟。因为深知这项工作的重要性，刘涛感到心理压力很大，他因此陷入了严重的内耗。他在心里不断地怀疑自己能否按质按量地完成领导布置给自己的工作，每天在忙于工作的同时，他还不停地假设自己一旦完不成这项工作，会给公司和自己带来什么严重的后果。这让他整个人变得焦躁不安，吃不下饭睡不好觉。这种内耗的状态又反过来严重影响了他的工作质量和进度，他的生活因此陷入了恶性循环。现在，每天一想到要去上班，他就觉得心情特别沉重。

智慧点睛

想要摆脱内耗，关键在于自我反思。先静下心来，找找自己为什么会陷入内耗。找到内耗的源头，就像找到了病根，才能对症下药。别急着向外寻找答案，先向内看看自己。认识自己，理解自己，才能更好地调整心态，减少无谓的精神消耗。记住，内耗往往源于内心，解铃还须系铃人，从自身出发，才能找到摆脱内耗的钥匙。

反内耗知识

解决精神内耗的方法

内耗的核心不在于“耗”本身，而是这个“内”字所体现的能量内部流失。要解决精神内耗问题，我们可以从两个途径着手：一是通过对外输出能量来化解，二是从内部截断能量的无谓流失。

1. 对外输出能量

很多时候，我们的精神内耗是因为想太多而行动太少。行动不起来，主要是因为开始行动太难，还有目标定得太高。要想不再这么累，我们可以试着降低自己的期望，接受现在的自己，或者增强自己的行动力，主动去面对和解决问题。其实，提高行动力的秘诀就在于让事情容易开始。比如说，看到一本很厚的书时，别一开始就被它的大量内容吓到，而应该专心于现在这一页，一点点往下读。另外，把大目标拆分成很多个小目标，让每个小目标都容易达成，这样也能让我们更有劲头，不容易放弃。

2. 从内部截断能量的无谓流失

我们需要学会分辨哪些思考是无用的，比如过分在意他人的看法，或是经常自我否定。一旦察觉这些无益的思考，就要立刻提醒自己别再继续。要在心里设个“停止信号”，及时阻止消耗精力的思绪。另外，避开消极能量的源头，让自己身处积极、快乐的环境，是停止精神消耗的关键。如果周围环境不好，或是周围都是爱挖苦讽刺的人，我们的思考方式就容易变得悲观。所以，尽量远离这些消极因素，寻找充满正能量的环境，对缓解精神消耗非常重要。同时，保持心态开放，积极与外界沟通，也是减轻精神消耗的有效方法。别把自己封闭起来，总想着独自承担一切。遇到难题时，学会向外求助，和他人分享心得，能帮助我们更快地找到解决问题的途径。

实战演练

林晓是一个内向害羞的女孩，不管在生活和工作中遇到什么问题，她都不喜欢向他人诉说，在生活中她经常会郁郁寡欢，又经常有束手无策的感觉。直到有一天，她看了一个心理专家的直播，才知道原来自己的这种状态属于内耗，不加以重视会影响自己的健康，她决心做出改变。

经过一番认真思索，林晓觉得自己之所以经常内耗，是因为自己总是喜欢和他人比较，并且对自己的期待值过高。找到原因之后，林晓开始从内外两方面做出改变。在心理上，她开始认识到每个人都有自己擅长的领域和事情，不应该总是把自己和他人做对比。她在心理给自己设置了一个“警铃”，每次当她把自己和他人做比较的时候，这个“警铃”就提示她停止对比，做好自己。在行动上，她开始根据自己的实际情况给自己设置目标，在实际行动的时候将一件事情拆分成若干个小目标。同时她还降低了自己的期待值，不再好高骛远。

经过一段时间的努力，林晓变得不再内耗，她的精神面貌焕然一新，整个人变得阳光且自信。

总结时刻

内耗自我扫描如同一台“内耗探测器”，帮助你全方位探寻内耗的起因。它引导你先深入内心，挖掘那些让你感到纠结、焦虑的微妙情绪，以及背后作祟的想法，这些正是让你精神萎靡不振的元凶。接着，再向外观察，审视一下周围的环境和人际关系，看看是否有什么在给你制造障碍，让你的心情变得沉重。借助这台“探测器”，你能清晰地洞察内耗的来源，无论是内心的心理负担，还是外界的消极影响，都将无所遁形。

深挖内耗真相：深挖内耗根源，解锁心灵密码

内耗难题

张凯是一个具有“灾难化思维”的人，他看待事情总是非常悲观，就算是芝麻绿豆大小的事情都能让他联想出来一部“灾难片”。因为这种思维方式，他经常处于内耗中。

在和朋友相处的过程中，一旦朋友说话声音大了或者看起来不开心，他就会怀疑是自己哪里惹得朋友不开心，觉得朋友会因为不开心而和自己断绝关系。在工作中，即使领导交给他一些他完全能够胜任的工作，他也会不停地在心里想自己如果不能完成会给公司带来巨大的损失，公司会向他追偿并追究他的责任，自己的工作也会因此丢掉。在生活中，他出门以后会怀疑自己是否已经关掉燃气，没有关掉的话可能会引发火灾，自己辛苦攒钱买下的房子可能会付之一炬。

这种内耗的状态给张凯的工作和生活带来了很多的困扰，也严重影响了他的人际关系，他为此感到非常苦恼。

智慧点睛

有时候内耗就像是一个“戏精”，总是很夸张地运用“灾难性思维”给自己强行加戏，在无形中给人造成心理的恐慌和压力。要想消除内耗，我们就要深挖内耗的根源，摒弃这种漫无边际的悲观的联想。在面对生活中出现的问题时一定要乐观积极，不要总是用极端的个例来给自己施加心理压力。

反内耗知识

内耗的表现

内耗不仅让我们感到疲惫不堪，还会影响我们的判断和决策。那么，内耗的真相究竟是什么呢？以下是三种典型的内耗表现。

1. 灾难化的思考方式：小题大做，自寻烦恼

这种思考方式的特点是，即便是遇到一些微不足道的小事，我们也会将其放大为灾难性的后果。例如，在与朋友的交往中，我们可能会因为一句无心的话而担心是否得罪了对方，从而影响到彼此的关系。这种过度的担忧和焦虑，往往让我们在事情还未发生之前就陷入了紧张和不安之中。我们要做的，就是改变这种灾难化的思维模式，通过行为认知疗法或自我审视的方式，从认知上打败这些不切实际的想法。

2. 自我的限制和障碍：自我设限，错失良机

自我设限者总是认为自己无法胜任某项任务或机会，从而在面对挑战时选择退缩或放弃。然而，这种自我限制不仅扼杀了我们的潜力和可能性，还让我们失去了众多成长和提升的契机。我们应该勇于尝试各种新的生活方式和抓住机遇，不被自己的思维框架所限制。唯有如此，我们才能打破自我限制，达成自我成长和发展。

3. 无法摆脱的悲观思维：消极看待，自我束缚

消极思考者常以悲观的态度审视周围的一切，即便是面对半杯水，也会悲观地感叹“只剩一半的水了”。这种消极的思维模式不仅让我们错失良机，还会使我们陷入无尽的内心斗争。为了摆脱这种消极思维，我们可以利用思维导图，将可能发生的各种结果或后续发展作为分支进行展开，从而以直观且客观的方式看待一件事。这样，我们就能跳出单一的消极思考，看到更多的可能性和希望。

实战演练

刘莹是一个悲观的人，她经常因为生活中的一些小事而感到满心疲惫。她的好朋友丽丽发现她最近内耗得格外厉害，和她进行了一次恳谈。通过这次聊天，刘莹认识到内耗给自己和身边的人带来了很多困扰，她决心对此做出改变。

经过反思，刘莹认识到自己内耗的根源在于自己的“灾难性思维”，要想不再内耗，就要先改变自己悲观的生活态度。她开始尝试一分为二地看待生活中遇到的各种事物，不再将自己的全部眼光放在事物不好的一面。遇到事情的时候，她会认真地分析事情可能的发展方向都有哪些，自己的想法是否符合常理和逻辑，不再满脑子都想着事情可能会引起的灾难性后果。前几天她出差遇到了航班取消的情况，如果是以前她一定又会焦虑不安，现在她不仅不焦虑，还庆幸自己及时收到通知，没有白跑一趟。

经过一段时间的调整，刘莹变得不再内耗。她开始用积极乐观的心态看待生活中的人和事，她发现摒弃了“灾难性思维”，自己的内心和周围的世界都会变得更加美好。

总结时刻

内耗的根源在于自我认知的不足以及对问题过分夸张和悲观的解读。在遇到问题的时候，我们要保持理智、清醒和乐观，不要被悲观的情绪裹挟，不然只会夸大事情的后果，加重内耗，对事情本身和我们的生活没有任何益处。

内耗的代价：内耗，生活质量的“隐形杀手”

内耗难题

陈芳是一位大厂员工，为了在工作中尽快得到晋升，她每天都承受着巨大的精神压力，也因此陷入了严重的内耗中。

在工作中，即使工作已经告一段落，陈芳的精神也不能从上一阶段的工作中抽离出来。她总是在心中不断回想自己的工作是否存在不足之处，是否符合领导的要求和期待。每天到了下班时间，她都感觉自己格外疲惫，这种疲惫不仅是因为高强度的工作，更是因为她不停地内耗。不仅如此，生活中的任何事都能触动她敏感的神经。这两年很多大厂都在不断裁员，每次看到这种消息陈芳都会觉得胆战心惊，她总是担心自己所在的企业会裁员，自己所在的部门会被优化。因为内耗，她的情绪经常起伏不定，身体健康也受到了很大的影响，不仅经常失眠，还大把大把地掉头发。她觉得自己现在的生活如同一团乱麻，这让她感到很沮丧。

智慧点睛

你是什么样的，你的生活就是什么样的，这可不是一种唯心主义的论调。通过观察我们不难发现，人的精神状态和生活质量呈正相关。一个人如果处于内耗的状态之中，内心就会变得焦虑敏感，悲观消极，不仅自怨自艾，还会对生活中的人和事逐渐失去热情，生活质量受其影响也会大打折扣。

反内耗知识

内耗为什么会成为生活质量的“隐形杀手”

内耗，这个看似无形却威力巨大的心理现象，正逐渐成为许多人生活质量的“隐形杀手”。它以其隐蔽性、持续性和广泛影响，悄然侵蚀着人们的内心世界和生活的各个方面。

1. 隐蔽性强，难以察觉

内耗往往在人们的内心深处悄然发生，不易被察觉。与外部的困难和挑战不同，内耗没有明显的外在表现，它以一种潜移默化的方式侵蚀着人们的生活。很多人可能直到内耗对生活产生了严重影响时，才意识到自己的心理状态已经出现了问题。这种隐蔽性使得内耗成为一个难以捉摸的敌人，让人们难以找到应对之策。

2. 持续消耗，心理能量枯竭

内耗是一个持续的过程，它不断地消耗着人们的心理能量。就像一个慢慢漏气的气球，人们在不知不觉中失去了活力和动力。这种持续的消耗会让人感到疲惫不堪，却又不知道原因何在。长期的内耗不仅会导致心理健康问题，如焦虑和抑郁，还会使人们的压力增大、情绪不稳定，进而影响到生活的各个方面。

3. 影响广泛，全面破坏生活质量

内耗的影响不仅局限于心理状态，还会波及生活的各个方面。在人际关系上，内耗可能导致沟通障碍、人际关系紧张和社交退缩；在工作与学习方面，内耗会降低效率、束缚创造力和阻碍职业发展；在身体健康方面，内耗会引发睡眠问题、免疫力下降和慢性疲劳等。这些负面影响就像一个隐形的网，笼罩着人们的生活，使得人们在不知不觉中陷入了全面的困境。

实战演练

赵川是一位“北漂”，快节奏的生活和忙碌的工作一度让他陷入了精神内耗。有一天晚上下班回家，躺在床上辗转反侧难以入眠的赵川陷入了思考，他发现自己现在一地鸡毛、没有质量的生活在很大程度上是由精神内耗造成的，自己必须做出改变。

在工作上，他不再过度担心自己的表现不好。工作的时候他会全身心地投入当前的工作，不再去忧心已经完成的工作是否存在纰漏。面对领导的时候，他不再神经紧张，也不再花费过多的时间去揣摩领导的意思，而是将精力花在了提高工作质量和工作效率方面。在生活中，他也不再纠结于自己失去和错过的东西，而是认真地过好当下。在业余时间，他重新拾起了自己以前因为工作而舍弃的爱好——足球，有时间的时候就去公园里踢球，他也因此交到了很多新朋友。

几个月的时间过去了，困扰赵川已久的内耗问题得到了解决。他发现不再内耗以后，自己的生活质量发生了质的改变，朋友越来越多，精神越来越好，工作也变得更加得心应手。

总结时刻

有质量的生活是身体和心理都健康的生活。内耗作为一种心理问题，会严重影响我们的生活质量。因此，我们要对这个影响生活质量的“隐形杀手”格外警惕，遇到心理问题要及时干预，让健康的心理为我们带来有质量的生活。

改变内耗模式：消除潜意识的抗拒感，积极改变

内耗难题

赵琳是一个温和有礼的女生，从小到大不管做什么事情她都习惯及时回应他人，这个习惯经常让她的生活节奏被打乱，她也因此常常内耗。每天早上起床后她都会先看一下有没有重要的留言信息，只要一看到工作留言她都会认真地思考怎么回复，洗漱、吃早饭等事情都会因此拖延。即使已经回复了工作信息，她的内心也无法平静下来，她会反复地拿起手机查看对方有没有回复自己，原本应该轻松愉快的早晨让她感觉紧张兮兮。然而，这只是多米诺骨牌的第一张，赵琳一整天的工作和生活都因为这个早晨而彻底乱了节奏，因为专注于回复消息，她上班险些迟到，开会心不在焉，工作的时候也总是分心，整个人一直处于焦虑和不安中。赵琳知道自己内耗的根源是自己的行为模式，但她在潜意识里总是抗拒做出改变，她的内耗也因此越来越严重。

智慧点睛

人之所以会内耗，是因为思维和认知出现了问题，大部分情况下人是能够认识到这些问题的，但是我们的潜意识是一个“守旧派”，总是不想做出改变。我们总说：变则通，不变则壅。内耗问题也是如此。只有积极地做出改变，我们才能摆脱内耗的困扰，如果抗拒改变，内耗问题只会越来越严重。

反内耗知识

如何改变内耗带来的能量流失

内耗常常导致我们的能量在不知不觉中流失。为了改变这一状况，我们可以从以下五个方面入手：

1. 识别能量流失的源头

很多时候，我们的能量流失源于日常生活中的琐事和情绪干扰。例如，早晨醒来时的轻松心情可能因一条短信或一封电子邮件而瞬间消失，取而代之的是压力和不安。这些情绪干扰会让我们偏离原定的计划和目标，导致一天的时间被琐事占据，最终精疲力竭。因此，我们需要学会识别并减少这些能量流失的源头。

2. 制订并执行日常计划

很多时候人会内耗是因为工作和生活完全没有计划，东一榔头西一棒槌，浪费时间和精力不说，还没有效率，提前做计划可以有效避免这一问题。

3. 了解并改变行为模式

内耗往往与我们的行为模式密切相关。了解自己的行为模式可以让我们知道自己的行为是否合理，是否对自己有益，能够帮助我们厘清内耗产生的根源。

4. 关注潜意识的影响

我们的潜意识在很大程度上决定了我们的行为和思维方式。因此，要改变内耗带来的能量流失，我们需要关注潜意识的影响。我们可以试着与潜意识进行沟通，消除其抗拒改变的行为，从而自由地做出积极的改变。这将有助于我们改变过去的行为模式，减少内耗的发生。

5. 培养积极的心态和生活方式

积极的心态和生活方式是改变内耗带来的能量流失的关键。我们需要学会调整自己的心态，保持乐观和自信；同时，也要注重身体健康和心理健康的平衡发展。例如，可以定期进行体育锻炼、保持良好的饮食习惯、学习冥想和放松技巧等。这些做法将有助于我们提升能量水平，减少内耗的发生。

实战演练

在过去很长的一段时间里，陈飞陷入非常严重的内耗之中。为了让领导和甲方满意，他每天都绷紧神经，将所有的精力都放在工作上，他的个人生活空间被严重挤压，工作热情也大不如前。终于有一天，他受够了这种状态，决心做出改变。经过反思，他认为只有彻底改变行为模式，自己才能够告别内耗。从此以后，只要到了下班时间，陈飞就会把手机调成静音模式，尽量减少手机对自己的干扰，让自己的大脑不再去想工作的事情。最开始，他的潜意识总是抗拒改变，手总是会不由自主地想要拿手机，但是陈飞并没有因此而放弃改变，他每天下班以后都会给自己设置一个固定的时间去回复工作信息，不断地提醒自己下班时间是属于个人生活的时间，并通过做家务、读书、运动等方式转移自己的注意力。虽然过程有些艰难，但是经过几个月的时间，陈飞彻底改变了自己的行为模式，他的工作热情重新焕发出来，生活质量得到了大幅提升。他认识到只要有决心改变自己的潜意识，人人都能够告别内耗。

总结时刻

诚然，人的潜意识一旦形成，改变起来会非常困难和痛苦。但是，面对内耗如果我们始终不做出改变，它就会给我们的生活带来无穷无尽的痛苦。长痛不如短痛，我们要努力消除潜意识的抗拒感，积极地做出改变，彻底打败内耗。

评判自我内耗：量化内耗程度，明确改善方向

内耗难题

刘静是一个非常固执的人，她从内心渴望自己变得更加优秀，但又经常自我否定，这种矛盾的性格让她陷入了内耗的泥淖无法自拔。

在工作上，她非常希望领导能把重要的工作委派给自己，但是当这样的机会来临的时候，她又会怀疑自己能否出色地完成。每次她都会临阵磨枪，去学习很多专业的技能，但是到了真正实践的时候结果却总是事与愿违。强烈的挫败感让她感觉很失落，她觉得归根到底还是自己的能力不足造成的，于是她的生活就走入了等待机会、提升自我、失败、自我否定的怪圈中。久而久之，她变得自怨自艾，觉得自己是一个失败的人，自己的生活没有阳光和希望。她全身都散发着悲观颓丧的气场，渐渐地，大家都不愿意和她打交道了。刘静也希望自己能有所改变，却始终不得其法，她的内耗行为变得越来越严重。

智慧点睛

和很多心理问题能够通过一些标准进行量化和分级一个道理，内耗也可以进行量化和分级。通过设置一些具体的判断标准，我们能够更方便快速地找到造成自己内耗的根源所在，能够更清晰地了解自己内耗发展到了何种程度，能够更明确地知道在对抗内耗的时候自己应该朝着哪个方向努力。

反内耗知识

如何判断自己是不是内耗型人

内耗型人在生活中往往陷入一种固定的负面循环中，难以自拔。以下几条可以用于简易判断自己是否为内耗型人：

1. 容易将愤怒转移到周围人身上

内耗型人在面对自己不满意的情况时，通常难以直面并管理自己的情绪，而是不自觉地将愤怒转移到周围人身上。若你察觉自己在亲密关系中容易发脾气或攻击他人，这可能是一个信号，表明你正处于内耗状态，需要回过头来审视自己的内心世界。

2. 吸引消耗自己的人

内耗型人的周围往往聚集着一些消耗自己的人，如控制欲强的父母或喜欢贬低他人的朋友。他们通过与这些消耗性的人交往，来满足自己自我攻击和消耗的需求。如果你发现自己吸引了些这样的人，且难以从这种关系中抽身，那么你很可能就是一个内耗型人。

3. 寄希望于重要选择

内耗型人经常把改变命运的希望寄托在一次重大抉择或某个人

身上，却常常忽略了深入了解与持之以恒的价值。他们总在探寻捷径，期盼奇迹即刻降临，一旦稍感不满就轻易打退堂鼓。这种过高的期望使他们在各种途径中迷失了自我，无法真正感受到关系中至关重要的滋养。若你发现自己总是对某个选择或某个人抱有过分的期待，并因此丧失了耐心和深入探索的意愿，那么你或许正陷入内耗之中。

4. 盲目追求优秀却不懂自己

内耗型人往往对他人的生活充满羡慕，渴望自己也能变得出类拔萃，却从未真正深入地认识自己。他们倾向于不断向周围的人寻求指引，期盼别人能为他们指明一条清晰的道路，却鲜有耐心去探索自己、衡量自己真正适合的方向。这种缺乏针对性的努力只会让他们消耗大量精力，却难以收获显著的成果。如果你发现自己总是在追随他人的步伐，却始终找不到属于自己的道路，那么你很可能就是一个内耗型人。

实战演练

李华发现，尽管自己很努力，却始终处于疲惫和迷茫之中，找不到人生的方向，他开始试着找出造成自己这种状态的原因。一次偶然的机会，通过听心理学讲座，李华终于知道这是由于自己一直处于内耗中造成的，他决心做出改变。经过仔细的分析，他觉得自己遇事习惯随大流以及遇到问题喜欢逃避是造成内耗的最大原因。他突然明白，随大流虽然看起来很安全，却不一定适合自己，甚至是自己压力和挫败感的主要来源。他开始认真地倾听自己内心真实的声音，探索到底什么才是真正适合自己的。慢慢地，他找到了自己真正的爱好，尽管这个爱好非常小众，却带给他前所未有的快乐。此外，在生活中遇到问题的时候，李华也不再选择逃避，而是正视问题并想办法解决它，即使有时候解决的结果并不理想，他也会坦然地接受，不再和以前一样一不顺心就去迁怒他人。经过一段时间的努力，李华变得不再内耗，他找到了自己努力的方向，觉得生活充满了希望和阳光。

总结时刻

知己知彼，方能百战不殆。要想摆脱内耗的困扰，我们可以设置一些具体的评判标准来量化和了解内耗，从而在对抗内耗的时候做到有的放矢。磨刀不误砍柴工，量化内耗程度，明确改善方向，能让我们更快速、有效地战胜内耗。

反内耗心得

读完这一章的内容，你对反内耗有什么感受？请结合自己的情况，把它写下来吧！

第二篇

思维重构，挣脱内耗的枷锁

我们时常陷入内心的纷扰与矛盾中，仿佛被无形的枷锁紧紧束缚，难以自拔。这种内耗不仅消耗了我们的精力，更阻碍了我们前行的步伐。那么，如何挣脱这一枷锁呢？关键在于思维重构。当我们开始尝试用不同的方式思考问题时，就会发现自身有着无限的潜力。

负面思维转化术：从消极到积极的思维跃迁

内耗难题

从前，身边的人都觉得小娜是个积极乐观的年轻人，她上学的时候成绩就非常好，后来参加工作也十分勤恳努力。然而，不知道从什么时候开始，她积极乐观的性格突然消失了，变得患得患失起来。

工作上，小娜偶尔因为有一些差错就感到十分焦虑，担心会给同事造成困扰，也会遭到领导的批评。她甚至会把这种担忧扩大化，觉得自己的人生就此完了。日常生活中，和家人、朋友相处的时候，她也不再像之前那样随和洒脱。她总是担心自己说错某句话或者做错某件事，会遭到朋友的嫌弃。就连家人对她的关心都会被她曲解为是自己的人生太失败了，才会让家人无时无刻不担心她。

这种消极的思维模式让小娜的情绪十分低落，身体也时常疲

惫不堪，进而影响到了工作时的状态，形成了恶性循环。小娜意识到这种状态不对，想要寻求改变，却又不知道从何下手。

智慧点睛

思维方式，这一内在罗盘，深刻地引导着我们的生活航向。乐观者视挑战为成长的阶梯，用希望的阳光照亮前行的道路，即便风雨交加，也能在心灵深处寻得一片宁静与温暖。相反，悲观者往往将困难视为不可逾越的鸿沟，消极的情绪如同乌云蔽日，让前行的步伐沉重且缓慢，生活轨迹中多了几分徘徊与遗憾。

反内耗知识

转换思维模式

思维之差，造就生活之别。培养积极的思维方式，不仅是心灵的自我疗愈，更是通往幸福生活的钥匙。学会以乐观的心态拥抱每一个当下，让生活因心态的转变而绽放异彩。

那么，怎么把负面的思维模式转换为积极的思维模式呢？

1. 识别负面思维

日常工作和生活中，我们一旦出现“我总是失败”或“这不可能成功”等消极的想法，就立马记录下来。这种识别并记录情绪状态的方式有助于我们识别负面思维模式并追踪其变化。

2. 挑战负面思维

负面情绪一旦产生，我们不必如临大敌，更不要把这种情绪扩大化，反而要让自己冷静下来，对当下的负面想法有逻辑、有条理地进行分析，找出其中的不合理之处，然后用事实和数据来反驳。

3. 替换负面思维

我们要有意识地用积极、建设性的想法替换脑海中负面、消极的声音，比如，我们可以默默地对自己说："我可以尝试不同的方法，总能成功的；就算暂时不成功也没关系，失败是成功的垫脚石。"

4. 强化积极的思维

我们可以每天把在生活中遇到让自己感到开心或感恩的事记录下来，在悲观或沮丧的时候读一读，有助于缓解消极情绪，培养积极的心态。

5. 养成积极的习惯

要时常对自己进行正面肯定，如"我有能力克服挑战"或"我值得被爱"。尤其是遇到困难或挫折的时候，这种用积极的话术进行的"自我洗脑"的方式可以为我们提供直面困难、解决困难的勇气。

通过这些技巧的持续实践，我们可以逐渐将负面的思维模式转变为积极的思维模式，从而拥有更加健康、快乐的生活。

实战演练

刘军曾长久地挣扎于消极与自我怀疑的泥潭里。他的世界仿佛被一层灰暗的雾霭笼罩，无论是对待工作还是生活，总是持有一种悲观的态度，认为努力也不过是徒劳，成功似乎永远遥不可及。然而，命运的转折往往始于不经意间的觉醒。

一天，刘军偶然间翻阅到一本关于心理学与思维转换的书籍，书中详细介绍了一系列通过调整思维方式来改善情绪和生活状态的方法。起初，他只是出于好奇，半信半疑地尝试了一些简单的练习，比如每天记录三件让自己感激的事情，或是用积极的角度重新审视生活中的挑战。这些看似微不足道的举动，却像一把钥匙，悄然间打开了他心灵深处的一扇窗。

随着时间的推移，刘军面对工作中的难题不再一味地抱怨和逃避，而是主动寻找解决方案，积极与同事沟通协作。他开始意识到，每一次挑战都是成长的机会，每一次失败都是向成功迈进的一步。这种转变不仅让他的工作效率大幅提升，也赢得了同事们的尊重和上司的赏识，职业生涯因此迎来了前所未有的转机。在个人生活中，刘军也变得更加开朗和乐观。他学会了珍惜身边的人和事，用一颗感恩的心去体验生活的美好。

总结时刻

改变始于内心，积极的心态是通往成功与幸福不可或缺的钥匙。只要勇于面对，勇于改变，利用科学的技巧，把消极的思维模式转换为积极的思维模式，每一个被消极情绪困扰的人都能从阴霾中走出，迎接属于自己的灿烂阳光。

完美主义松绑：重新认识完美，释放自我压力

内耗难题

林童是一个追求完美的人，他的世界仿佛是由无数精雕细琢的碎片拼凑而成，每一块都须符合他心中那难以企及的标准。

在职场上，林童是同事眼中的“细节控”，每一个项目、每一份报告，都要经过无数次的修改与打磨，直至他认为无懈可击。然而，这种对完美的极致追求，并没有如他所愿带来工作上的飞速进步，反而导致项目进度的严重滞后。

生活中，林童同样扮演着“完美主义者”的角色。从家居布置到日常饮食，每一细节都不容有失，这让他在享受生活乐趣的同时，也承受了巨大的心理压力。朋友聚会时，他会因对菜品味道或聚会氛围的细微不满而闷闷不乐；家居布置上，即便一个小小的装饰品摆放不当，也会让他耿耿于怀，难以释怀。

这种追求完美的态度不仅没有让林童的生活变得更好，反而

时常让他感到焦虑与疲惫。他深知自己需要改变，一时间却找不到科学的方法。

智慧点睛

完美主义，这一看似积极的生活态度，实则如同一把双刃剑。完美主义者往往对自己设定了过高的标准，追求每一个细节的完美无瑕，每一个决定的万无一失。然而，现实世界的复杂性与不确定性，使得这种理想化的追求几乎不可能实现。每当面对失败或不足，完美主义者内心深处的自责与挫败感便如潮水般涌来，进而陷入糟糕的情绪内耗之中。

反内耗知识

挣脱完美主义的枷锁

完美主义虽然看似是一种积极的生活态度，实则是一种情绪内耗的无形枷锁。它让个体在追求完美的过程中，逐渐失去了自我与生活的乐趣。怎样做才能挣脱完美主义的枷锁呢？

1. 允许自己犯错

完美主义者往往对自我要求极高，他们内心深处难以接受自己犯错的事实。一旦不慎犯错，他们的内心便会迅速被焦虑与不安占据，仿佛整个世界都因这一小小的失误而失去了色彩。他们会长时间地沉浸在自责与自我批判之中，无法自拔，这种过度的自我苛责不仅让他们心理负担沉重，也严重影响了他们的生活质量和工作效率。

然而，我们必须认识到，世界上根本不存在完美的人和事。正是这些不完美，构成了我们丰富多彩的人生，让我们有机会去感知人生的意义与乐趣，去体验世界的多姿多彩。接纳自己的不完美，是每个人成长道路上不可或缺的一课。当你开始学会允许自己犯错，不再过分苛求每一个细节都尽善尽美时，你会发现，生活其实可以更加坦然、自在，内耗也会随之减少，你将拥有更多的精力去追求真正重要的事物，享受生命的美好与宁静。学会宽容地对待自己，是通往幸福与满足的重要一步。

2. 接受不完美

我们要认识到完美是相对的，没有绝对的完美存在。学会接受自己的不足和事物的缺陷，理解它们也是成长的一部分。当自己未能达到完美的标准时，用同情的态度对待自己，就像对待一个正在学习成长的朋友一样。

3. 关注过程而非结果

无论工作还是生活，当我们面对一项任务或追求一个目标的时候，将注意力从最终成果转移到过程本身，享受工作和生活中的每一步，减少因结果不如预期而产生的挫败感。

4. 学会放手

我们应该理解，有些事情我们无法完全控制，学会接受并放手那些超出我们能力范围的事情，可以帮助我们减少不必要的焦虑。

5. 设定时间限制

我们可以为当前的任务设定明确的时间框架，避免无限期地追求完美。同时，时间限制可以帮助我们学会在有限的时间内做出最佳决策。

通过这些技巧的实践，我们可以逐渐学会在追求卓越的同时，也接受并欣赏自己的不完美，从而在工作和生活中找到更加平衡和满足的状态。

实战演练

在朋友和同事们的眼中，许泽是一个优秀到近乎完美的年轻人，然而，只有他自己清楚，“追求完美”的性格特质为他带来深深的情绪内耗。

在一次偶然的机会下，许泽参加了一个关于“接纳自我，拥抱不完美”的心理讲座。讲座中，讲师通过生动的案例与深刻的见解，让他开始意识到，完美只是一种理想状态，现实生活中并不存在绝对的完美。每个人都有缺点与不足，接受并爱这样的自己，才是通往幸福与自由的关键。这次讲座让他开始重新审视自己的生活方式与价值观。

从那以后，许泽开始尝试接纳自己的不完美，学会了在工作中设置合理的目标，不再过度苛求；在生活中，他也开始享受那些看似平凡却充满乐趣的时刻，不再因小小的瑕疵而破坏整体的美好。这种转变，不仅让他的工作效率有了显著提升，与同事间的关系也得到了极大的改善，心态也变得更加平和。

追求完美固然值得尊敬，但过度的追求只会成为束缚。学会接纳自我，拥抱不完美，才能让我们在人生的旅途中，走得更远，笑得更灿烂。

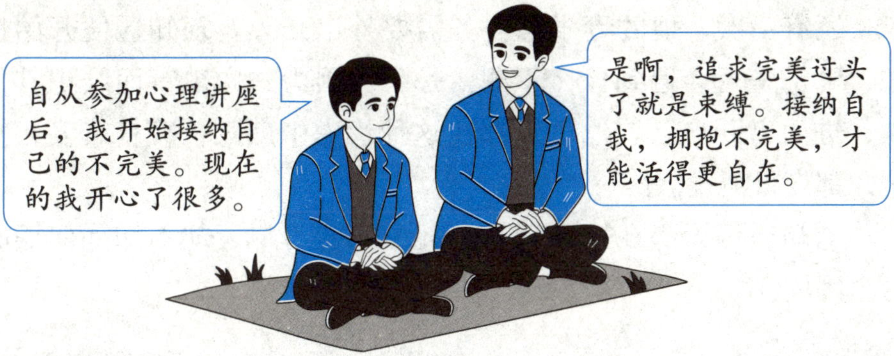

总结时刻

完美主义并非不可改变。通过认知行为疗法等心理干预手段，完美主义者可以逐渐学会调整自己的思维方式与行为模式，降低对自己的过高要求，学会接纳自己的不完美。同时，通过培养积极的生活态度与情绪管理能力，他们也可以更好地应对生活中的挑战与压力，减少情绪内耗的发生。

担忧管理大师：有效管理担忧，重拾生活宁静

内耗难题

刘知遥是一个心思细腻的人，但这种细腻逐渐转变为过度的焦虑，使他深陷于无尽的精神消耗之中。

有一次，公司指派他下周完成一个关键的报告。从接到任务的那一刻起，刘知遥就坐在办公桌前，满心忐忑。他不断地怀疑自己能否圆满地完成这个报告，担心届时会在上级和同事面前丢脸。这些念头让他越发紧张，难以集中精力工作，整个人都被这种焦虑的情绪所包围。

还有一次，他的妻子因公务需要外出几天。刘知遥便开始忧虑，妻子是否会遇到什么不测，是否会因为这次出行而结识其他人，进而离开自己。他每天都在这种忧虑中煎熬，寝食难安，整个人都变得消瘦憔悴。

刘知遥每天都在这种精神消耗中筋疲力尽，却不知如何摆脱这个困境。

智慧点睛

有时候，确实有必要认真对待我们的担忧，但担忧并不能帮助我们解决问题。相反，它只会让我们分心，使我们难以找到解决问题的途径。大部分时候，担忧其实是我们自己制造出来的恐惧，并非真实的威胁。把担忧强加给别人，就像是对他们进行不必要的打扰，会让对方感到压抑。而过分担忧自己，则是在给自己找麻烦。

反内耗知识

如何有效管理担忧

过度担忧会让人心情变差，还会影响睡眠，甚至可能导致喝酒过多或滥用药物。因此，我们需要找找办法，摆脱这种担忧过度的状态。你可以试试下面这些方法，帮助找到一丝平静和安宁，让你的夜晚更加轻松自在。

1. 增强自我意识，识别过度思考

为了有效应对担忧，首要任务是提升自我意识，以便识别何时自己陷入了过度沉思之中。一旦你意识到那些令人困扰的念头悄然浮现，那便是打破消极循环的首要步骤。面对这些念头时，你可以尝试给自己预留十分钟的时间，全神贯注地去思考，并设置一个计时器来辅助。随后，要认识到这种思维模式是无益的，因为它无法改变当前的状况。完成这一步骤后，通过深呼吸或参与其他活动来转移你的注意力。

2. 专注于解决问题，而非问题本身

将关注点从探究“为何”转变为探索“如何”，着手采取行动，

构思应对压力和难题的方法，这将向你的大脑表明你正在掌控局面。随着练习次数的增多，你的大脑会越来越擅长自动寻找解决问题的途径。面对问题，首先要承认它的存在，然后努力寻找解决办法，如果确实无法改变，就学会接受并转移注意力到其他事物上。

3. 挑战并调整消极想法

对抗消极念头是摆脱过度思考困境的一种有效方法。要意识到你正在为尚未发生的未来事件而忧虑，并努力设想一个最佳的结果。如果最坏的情况确实难以规避，那么就思考如何减轻其带来的负面影响。请铭记，没有人是完美的，通过逻辑思考往往能更迅速、更轻松地找到问题的解决办法。

4. 改换思维频道，分散注意力

当你努力想要停止对某事的担忧时，往往会产生反效果。相反，更好的做法是接纳这些想法，并通过参与其他活动来转移注意力。进行体育锻炼、与朋友交谈、发挥创造力（如绘画、撰写日记、作诗）或者玩文字游戏等，都是能够有效分散注意力的好方法。

实战演练

林婉曾是个深陷过度忧虑的人，内心消耗巨大，生活被焦虑的阴影所笼罩。

在职场上，每当面临重要任务，她都会陷入无尽的焦虑之中。她害怕自己做得不尽如人意，会受到领导的责备，甚至可能因此丢掉工作。在日常生活中，她也总是满心忧虑。她担心家人的身体状况，担心孩子在校的学习表现，还担心与朋友的关系会出现裂痕。她的大脑就像一台永不停歇的担忧引擎，让她无法尽情享受生活的乐趣。

直到有一天，林婉在一本心理学著作中认识到了过度忧虑的害处，她下定决心要做出改变。她开始培养自我意识，每当察觉到自己又在过度思考时，她会立刻意识到这一点，并告诉自己，先给自己十分钟的时间去琢磨这件事，然后设置定时器。十分钟后，她会进行深呼吸，努力转移注意力，去做一些别的事情。她还致力于解决问题。当遇到问题时，她不再纠结于问题的起因，而是思考如何应对。她积极寻找解决方案，告诉自己要掌控大脑，而不是被大脑所控制。

随着时间的推移，林婉的心态越来越平和。她不再过度忧虑，内心的消耗也逐渐减少。她能够做出明智的决策，更好地应对问题。

总结时刻

面对生活中的种种忧虑，要学会识别并控制它们，不让它们占据你的全部思绪。通过增强自我意识，挑战消极想法，专注于解决问题，以及寻找其他活动来分散注意力，你可以有效管理担忧。不要让担忧成为你生活的全部，而是学会放下，享受当下的美好。

自我设限破除：解锁潜能，跨越心理障碍

内耗难题

张华一贯勤奋刻苦，但始终被自我束缚的枷锁困扰，深陷无尽的内耗旋涡。

在公司多年，张华一直梦想着晋升。然而，每当晋升机会来临，他的内心便会被自我怀疑所淹没。他总认为："年纪这么大了，怎么跟年轻人比拼？领导哪会想到我！"因此，他一次次放弃晋升机会，目睹年轻同事步步高升，心中满是失落与懊悔。

感情方面，张华邂逅了一个心仪的女孩。然而，面对镜子中的自己，他暗自思量："我长得不出众，她怎会看上我？"他缺乏勇气去接近女孩，只能默默关注，看着她与他人交往，自己却在无尽的内耗中煎熬。

张华的生活因自我设限而陷入混乱。他在自我否定中不断错失机会，内心的焦虑与不安越发强烈。他深知自己的状态不佳，却难以突破心理屏障，仿佛被囚禁在一个无形的牢笼之中。

智慧点睛

“自我设限”束缚了你的内在潜能与热情，使它们未能充分展现，让你沦为平庸之辈！许多人之所以未能取得成就，并不是缺乏能力，而是受到内心自我设限与暗示的阻碍。因此，自我设限往往如同一个紧随其后的绊脚石，每一件事都无法做到最好，长此以往，你的成功机会便越来越小。

反内耗知识

如何挖掘自己的潜能

人类的潜能是无穷的，然而挖掘出来的却寥寥无几，这很大程度上是因为人们一般都安于现状，不愿做出改变。那么，我们应该如何探索和释放自己的潜能呢？

1. 积极归因，激发挑战欲望

要学会进行积极的归因分析，当自己有所进步时，可以将其视为自己努力付出或能力展现的结果。这样做不仅能够激发自己持续挑战的动力，还能够增强面对未来挑战时的自信心。坚信自己的实力，是挖掘自身潜能的首要步骤。

2. 培养好习惯，摆脱安逸束缚

习惯在挖掘潜能的过程中扮演着至关重要的角色。良好的习惯能够自然而然地引领我们的思维与行为趋向于成功，而不良的习惯则会侵蚀我们的潜能储备。因此，要摆脱舒适区的束缚，培养起主动挖掘自身潜力的良好习惯。你可以尝试一些以往未曾涉足但颇感兴趣的新领域，或许在尝试的过程中，你会发现自己在这些方面同样能够表现出色，进而开辟出一条全新的成功之路。

3. 认识潜能，把握人生极限

人类的潜能是无穷无尽的，然而我们往往仅仅发挥出了全部能力中极小的一部分。现代科学研究显示，一个普通人通常只运用了其全部能力的10%，甚至这一比例还更低。因此，我们必须认识到自己的潜能是巨大的，不应轻易放弃对潜能的开发与挖掘。同时，也要理解到潜能开发的极限是未知的，每个人都具备超越当前自我的潜力，去拥抱更加卓越的人生。

4. 发现自我，设计潜能转化路径

将潜能转化为实际的才能并非自然而然的过程，它需要我们自我发现和自我塑造。我们需要关注自身的天赋与兴趣，并借助外界的刺激与激励，将潜能转化为实际的技能。同时，持续对潜能保持关注与引导，促使其得以充分展现。倘若潜能无法得到激发并得以彰显，那么原本拥有的才能不仅会难以维持，还会逐渐变得迟钝，丧失原有的力量。因此，我们应勇敢地面对自身的潜能，积极主动地去探索和发展它。

实战演练

李明在一家小公司担任普通职员，常常因自我设限而认为自己年纪已大，梦想更是遥不可及。工作中，他避免挑战，总觉得自己能力有限，无法胜任更重要的任务。面对新项目，他总是退缩："我肯定不行，还是让别人试试吧。"这种自我设限导致他内心矛盾，既渴望进步又畏惧失败。

然而，一次公司危机却成了他命运的转折点。公司面临经济困境，可能裁员。这次危机激发了李明突破自我设限的决心。他开始反思人生，决定不再自我设限，勇敢挑战。

李明学会了积极归因，每当完成小任务，他归功于自己的努力和实力，逐渐建立起自信。他不再视自己的进步为偶然，而是坚信自己有能力做得更好。同时，他努力摆脱习惯束缚，不再安于现状，主动

寻求新挑战。他报名参加专业培训，虽最初感到吃力，但坚持不懈，就会发现自己潜力无限。

他原本以为不擅长沟通，但在培训中展现出强大的表达能力和团队协作能力。他逐渐摆脱内耗，充满信心地迎接挑战。他主动承担公司的重要项目，凭借新发现的潜力和努力，成功带领团队完成任务。

总结时刻

自我设限就像给自己戴上了一副无形的枷锁，让我们不敢尝试新事物，害怕失败。但真正的成长往往藏在挑战与突破之中。破除自我设限，就是解锁内心深处的潜能，勇敢地迈出那一步，跨越心理障碍。不要害怕失败，因为每一次尝试都是向成功迈进的一步。当我们敢于面对自己的不足，勇于挑战自我，就会发现，原来自己可以做到很多之前想都不敢想的事情。

比较游戏的终结：停止无意义的比较，远离内耗

内耗难题

陈晓月是个很有进取心的人，然而这份进取心却渐渐转变为过度的攀比，使她深陷无穷的内耗旋涡。

在一家公司任职的陈晓月，每当目睹同事晋升或受领导赞誉，便会陷入焦虑与自我质疑中。她不断追问自己，为何他人能做到而自己却不行？是不是自己不够努力？于是，她拼命工作，企图赶超同事，但这般攀比让她越发疲惫。

在生活中，陈晓月同样难以摆脱攀比的阴影。见到朋友购置新房、新车，她会感到自己的生活不尽如人意。她会拿自己的外貌、体形与他人比较，自觉不够美丽、不够纤瘦。甚至把自己的孩子与他人的孩子进行比较，认为自己的孩子不够出色。

陈晓月日复一日地在这种攀比中度过，心情越发糟糕，内耗日益严重。她开始失眠、焦虑，工作效率也大不如前。

智慧点睛

心理学家指出，比较是人类的天性。在一定程度上，比较能推动人类向前发展，但盲目比较不可取。这意味着，比较应有选择性，须客观、理智地找准参照对象，否则容易迷失方向，陷入无尽的自我消耗之中，因为比较而徒增诸多烦恼。

反内耗知识

如何避免比较造成的内耗

很多人热衷于比较，不管是外表还是成绩，房子还是车子，都要比较一番，不但消磨了自己的幸福感，也给自己带来了无尽的内耗。那么，我们该如何避免比较造成的内耗呢？

1. 认识比较的本质与危害

过度比较不仅不合理，而且没有价值，它让我们在妄想中迷失，消磨时光，徒增焦虑。因此，我们需要深刻认识比较的本质与危害，从源头上减少比较的冲动。

2. 培养自我肯定与接纳

当我们能够自己肯定自己，不需要通过别人的认可来确认自己的价值时，比较便不再必要。真正的自信源自内心的自我接纳与肯定。我们应该学会欣赏自己的长处，全面地看待他人，而不是以己之短比人之长。这样，我们才能避免忌妒、怨天尤人等不平衡心理的产生，从而减少内耗。

3. 摒弃完美主义与功利心态

过度比较和竞争往往将人引向完美主义的陷阱，让我们无法接受生活的任何瑕疵和人生的不同。然而，这个世界是辩证的，黑暗与光明共存，优点与缺点并列。我们应该学会接受自己的不完美，摒弃功利心态，不要过分追求物质和利益，而是关注内心的自主、独立和安宁。这样，我们才能摆脱过度比较带来的空虚与无力感。

4. 创造真正的价值与幸福感

在高度商品化的社会中，我们容易被虚假、同质化的东西所裹挟，失去创造真正价值与幸福感的能力。我们应该努力摆脱流量的束缚，回归本真，关注内心的需求和感受。通过创造更多的价值，而不是利益，我们可以获得真正的成就感和满足感。同时，我们也应该学会欣赏生活中的美好，培养感知幸福的能力，让内心变得丰富而充实。

实战演练

林馨曾经是一个深受比较之苦的人。在职场上，她总是盯着同事们的成就，觉得每个人都比自己出色。每当看到同事晋升，她便会焦虑自己为何无法企及；看到同事受到领导的赞誉，她会陷入自我怀疑，不断在心里衡量自己与他人的差距。

在日常生活中，林馨同样无法自拔地陷入比较的旋涡。看到朋友购置了大房子、好车，她会觉得自己的生活不尽如人意；看到别人在社交媒体上晒出的幸福时刻，她会觉得自己的日子平淡无奇。她总是觉得自己最不优秀，周围的人都比自己生活得更好。

一次偶然的机会，林馨遇到了一位智者。智者告诉她，比较只会带来无尽的烦恼，幸福是个人的感受，无法与他人比较。林馨开始反思自己的生活，并决定改变。在职场上，林馨不再过分关注同事的成就，而是专注于自己的成长和发展。在生活中，林馨也学会了珍惜自己所拥有的。

随着时间的推移，林馨终于摆脱了比较的阴影，拥抱了属于自己的生活和幸福。她明白了，每个人的人生轨迹都是独一无二的，无须与他人比较，只要用心去感受和创造，就能拥有属于自己的精彩人生。

总结时刻

每个人都是独一无二的，扮演着特定的角色，并且人人都有闪光点和不足。作为人类，我们不该比较谁更幸福，而应该看看谁更拥有正面的态度、不懈的进取心、阳光的心态，这些能够帮助我们减少内心消耗、提升自我力量的特质。只有当我们的内心积极向上，充满活力，我们才能享受到真正美满快乐的生活。

成长型思维培育：拥抱变化，以内在成长对抗内耗

内耗难题

大华长久以来都被固定型思维紧紧束缚。从学生时期起，他就深信自己的智力和能力是天生的，难以通过后天的勤奋来改变。

在学校里，每当看到成绩斐然的同学，大华心中总是充满了羡慕与自卑。他认定那些同学是天生聪慧，而自己无论如何奋斗，都难以望其项背。一旦考试成绩不尽如人意，他就会陷入深深的自我怀疑的泥潭中，觉得自己天生就不如他人。

步入职场后，大华依然未能摆脱这种固定型思维的桎梏。目睹同事们出色地完成工作任务，赢得领导的赞许，他会觉得那是他们天赋异禀，而自己则缺乏这样的才能。有一次，公司分配了一个关键项目，大华一开始就断定自己做不好，因为他根本不相信自己有能力迎接挑战。

大华将大量时间耗费在了自怜与自卑上，而非致力于自我提

升。这种固定型思维使大华深陷严重的内耗旋涡。他日复一日地在焦虑与不安中煎熬，对自己的未来一片茫然。

智慧点睛

研究表明，人与人之间的主要差异体现在思维上。不同的思维模式导致人们观察问题的角度、心态以及付出的努力和热情各不相同，进而影响到人生的各个层面和最终结果。那些在多个领域取得成就的人，其成功并非主要取决于遗传、天赋或才智，而是更多地受到他们在追求目标时所展现出的思维模式的影响。

反内耗知识

固定型思维与成长型思维

固定型思维与成长型思维，是心理学家德韦克提出的两种截然不同的思维模式，它们深刻影响着个体看待自我、挑战及成功的态度与行为。

固定型思维倾向于将智力、才能和优势看作是先天赋予且后天改变有限的特质。他们更加重视无须付出努力即可获得的先天优势，面对挑战时往往选择逃避，看到他人的成功会感到威胁，遇到困难容易退缩，对于批评则容易感到受伤并忽略其中有益的反馈。固定型思维者将考试成绩视为衡量智商的标签，认为努力是徒劳的，偏爱留在舒适区，对变化感到厌恶。这种思维模式束缚了个人的成长，削弱了心理韧性和承受力，容易导致内心的消耗。

相比之下，成长型思维坚信智力、才能和优势可以通过后天的不懈努力得到显著提升。他们欣赏天赋，但更看重努力的价值，认为即使是天才也需要持续的努力才能取得成功。面对挑战，成长型思维者会勇敢地接受；看到他人的成功，他们会受到鼓舞；遇到困难，他们会坚持不懈；面对批评，他们会将其视为成长的机会。成长型思维者将考试成绩视为学习效果的反映，将努力视为自我提升的途径，热爱探索未知，积极拥抱变化。这种思维模式培养了积极的自我认知，包括自尊、自信、自我价值感、自我效能感和自我调节能力，促进了个人力量与适应能力的发展，使他们能够有效地应对挑战和心理冲突。

成长型思维不仅仅是一种观念，更是一个涵盖策略选择与目标实现的完整体系。它鼓励个体在与现实的互动和与他人的交往中不断学习，通过反复试验和实践找到最佳解决方案。例如，职场人士通过书面报告展示自己的工作成果，就是成长型思维在实际行动中的体现。成长型思维者在设定目标后，会精心规划通往目标的路径，明确每一步的行动计划，如单身青年通过积极参与社交活动来寻找合适的伴侣，就是他们策略性地朝着目标迈进的实例。

实战演练

雨晨一度是固定型思维的囚徒。面对挑战，她总是选择退缩，担心失败会暴露她的不足。看到他人的成功，她会心生嫉妒与威胁感，认为自己永远无法企及那样的成就。遭遇困境，她会轻易言败，认为自己缺乏克服的能力。在职场上，雨晨也总是谨慎地蜷缩在自己的舒适区内，不敢涉足新的任务与项目。

一个偶然的机会，雨晨参与了一个关于成长型思维的培训课程。在课程中，她聆听了众多成功人士的故事，他们凭借不懈的努力与学习，从失败的泥潭中崛起，最终取得了卓越的成就。雨晨开始审视自己的思维模式，意识到固定型思维已严重阻碍了她的成长。

自那以后，雨晨决心改变自己。面对挑战，她不再逃避，而是勇敢地面对。她告诉自己，挑战是成长的契机，即使失败，也能从中汲取宝贵的经验教训。目睹他人的成功，她不再感到威胁，而是受到鼓舞与启发，开始向他们学习，汲取成功的智慧。遭遇困难时，雨晨也不再轻易放弃，而是探寻各种解决问题的途径。随着时间的推移，雨晨逐渐摆脱了内耗的困扰。她变得更加自信与积极，对未来充满了希望。

总结时刻

成长型思维，就是相信自己的能力和智慧可以不断成长。它教会我们拥抱变化，把每一次挑战都看作成长的机会。当我们遇到难题或批评时，成长型思维鼓励我们从中学习，而不是逃避或自我否定。这样，我们就能减少“内耗”，让自己更加积极向上。

重塑亲子关系：正视原生家庭，消除负面影响

内耗难题

小雅出生不久，就被寄养在了亲戚家。直到五岁那年，她才回到了自己的家。然而，这五年的空缺，像一道看不见的墙，隔在了小雅和家人之间。尽管父母尽力弥补，小雅心中却始终有个解不开的心结。

长大后，小雅变得越来越独立，却也越加沉默。她在人际交往方面也面临着很大的障碍。在与同龄人交往时，她常常显得孤僻而拘谨，难以融入集体，仿佛总有一道无形的屏障将她与他人隔开。她害怕主动与人交流，担心自己的话语不被理解或接纳，这种恐惧让她在社交场合中更加退缩。

同时，小雅内心充满了内耗。她时常在脑海中反复咀嚼过去的经历，那些被寄养的日子、与父母疏离的感觉，像是一场永不落幕的电影，在她的心头反复播放。这种过度的自我反思不仅消

耗了她的精力，也让她难以专注于当下的生活。她常常在自我怀疑中徘徊，不确定自己是否值得被爱，是否能够真正融入家庭和社会。

智慧点睛

“原生家庭”指的是个体出生并成长的环境——那个最初的家庭，而我们成年后与伴侣共同组建的家庭称为“新生家庭”。一个人在原生家庭中与父母互动的模式，会无形中塑造其价值观，也会影响其成年后与新生家庭成员的相处方式，以及人际交往模式。如果一个人生活在缺爱的原生家庭，内心可能很不快乐，甚至出现严重的内耗。

反内耗知识

如何消除原生家庭的影响

原生家庭作为我们成长的摇篮，对我们的性格、价值观和行为模式有着深远的影响。然而，有时这些影响可能并不都是积极的，它们可能成为我们追求幸福生活的障碍。那么，如何消除原生家庭的不良影响，重塑自我，拥抱幸福呢？

1. 自我抚育，善待自己

了解并接受自己的心理机制是消除原生家庭影响的第一步。试着按自己期待的方式去生活，善待自己，就像对待一个受伤的孩子。内在力量的充实能够帮助我们修补心灵的黑洞，消除童年的阴影。记住，向外索取只会让我们陷入自我嫌弃的内耗，而自我抚育则是自我救赎的关键。

2. 回忆幸福，客观看待

在原生家庭中，我们既经历了不少难关和不如意，也肯定拥有了许多美好的时刻。找个安静的时候，或者拉着爸妈一起回忆，想想那些让我们笑得合不拢嘴的小趣事和心头一暖的温馨画面。这些宝贵的记忆会提醒我们，原生家庭里也满是欢笑，帮助我们更全面地回顾自己的成长道路，认识到自己的长处，还有哪里可以变得更好。

3. 有效沟通，增进理解

与父母的沟通是消除原生家庭困扰的重要途径。在沟通时，切忌用情绪主导，而是要先沟通情绪，再寻找原因，最后探讨解决方案。通过有效的沟通，我们可以增进彼此的理解，找到双方都能接受的解决方案，从而改善家庭关系。

4. 学会拒绝，建立边界

拒绝是一种能力，也是建立个人边界的关键。当父母以爱的名义过度干预我们的生活时，我们需要有勇气和智慧去拒绝。温柔而坚定地表达自己的立场，让父母明白我们已经成年，有足够的能力应付生活中的困难。这样，父母也会逐渐学会放手，将目光转向自己的人生。

5. 和解与重建，拥抱幸福

我们需要与过去的自己和原生家庭和解。过去的经历无法改变，但我们可以选择如何面对它。通过和解和重建，我们可以建立新的亲密关系，与家人共同创造和谐的家庭氛围。这需要相互理解、大量沟通和处理冲突的能力，但相信你和你的家人都有这样的意愿和同理心。

实战演练

小花的父母重男轻女，对她的关注远不如对她的弟弟。小花常常觉得被忽视，心里藏着许多委屈。

小花努力学习，希望得到父母的认可，但无论她多么努力，父母的眼中似乎总是只有弟弟。她开始怀疑自己的价值，觉得自己不够好，不够值得被爱。这样的情绪伴随着她度过了许多个日夜，让她的内心充满了困惑和痛苦。但是她也知道，这种情况只能靠自己努力去改变。

随着小花渐渐长大，她的努力和才华也逐渐得到了外界的认可。她在学校里成绩优异，还参加了各种兴趣小组和比赛，赢得了许多荣誉。这些成就让她开始重拾自信，也让她意识到，自己的价值并不是由父母的看法决定的。

与此同时，小花的父母也在悄然发生着变化。他们开始意识到，女儿同样优秀，同样值得被疼爱。他们开始尝试了解小花，关注她的成长和需求，给予她更多的支持和鼓励。

终于有一天，小花和父母坐下来，坦诚地交流了彼此的感受。小花说出了自己多年的委屈和困惑，而父母则表达了对小花的歉意和关爱。那一刻，小花感受到了前所未有的温暖和释然。

总结时刻

原生家庭的影响力持久，但别让它拖住你的脚步。直面家里的不完美，大胆拥抱过往的伤痕，这是摆脱负面影响的开端。试着和父母说说心底话，用爱与体谅搭建起沟通的桥梁。把心里的不满放下，用宽容和接纳去缝合亲子间的裂痕。别忘了，每个人都在进步，父母也不例外。携手并进，重塑一个充满爱的亲子关系，让家变成避风的港湾。

反内耗心得

读完这一章的内容，你对反内耗有什么感受？请结合自己的情况，把它写下来吧！

第三篇

情绪掌舵，驾驭内心的海洋

情绪就像海上的波浪，时而平静温柔，时而汹涌澎湃。我们的内心，就像那一片广阔无垠的海洋，被情绪之风轻轻吹拂，或是被狂风巨浪猛烈摇晃。学会做情绪的主人，就是驾驭这内心的海洋，不让它肆意泛滥，也不让它干涸无光。当能够掌握情绪的方向盘，不被愤怒、恐惧或焦虑所牵引，你就能在生活的航程中，稳稳前行，享受内心的宁静与自由。

愤怒管理秘籍：健康表达，化解愤怒能量

内耗难题

马昆一直深信自己性情温和，但公司里的一位同事却成了他情绪的触发器。两人同在一个项目组共事，马昆负责前期筹备，而那位同事则接手后续执行。马昆总能准时高效地完成分配的任务，反观那位同事，却常常拖泥带水。项目接近尾声时，这位同事终于焦急起来。就在这紧要关头，他暗地里向领导汇报不实信息，诬称马昆的前期工作有瑕疵，阻碍了他的后续进度。他还故意截取日常工作中微信对话的片段，断章取义地呈给领导，甚至凭空捏造马昆在外兼职赚钱的说法。结果，马昆被偏听偏信的领导公开批评，尽管他百般辩解也无济于事。回到办公室的马昆怒不可遏，脑海中闪过一丝暴力的念头。此后很长一段时间，马昆都被愤怒的情绪所困扰，既对上司的轻信感到愤怒，又对同事的卑鄙手段恨之入骨。长时间沉浸在愤怒里，马昆身心俱疲，极大地干扰了他的日常工作与生活。

智慧点睛

在心理学范畴，愤怒被界定为由外部刺激引起的心理上的挫败感受，它使个体经历到深刻的不满情绪，并驱使其产生对抗他人的本能冲动。面对愤怒情绪，不同个体选择的表达方式各具差异。

反内耗知识

如何有效处理愤怒情绪

愤怒情绪，这个看似简单的情感，实际上包含着复杂的心理活动和深远的影响。面对愤怒，我们应学会正确处理，以免伤害自己和他人。以下是一些实用的方法：

1. 识别愤怒根源

愤怒往往源于价值感和安全感的冲击。无论是遭遇不公、自责、正义感爆棚，还是为了与他人保持距离或掩饰问题，愤怒都可能是恐惧情绪的另一种表现。当恐惧未能正常释放时，愤怒便应运而生。

2. 避免自我攻击

愤怒时，切忌用自我攻击的方式伤害自己，企图以此被动攻击他人。这是双输的行为，完全不值得。如果愤怒影响到生活，应适度反击，但要通过言语沟通来表达愤怒，而不是采用暴力手段。

3. 增强价值感和安全感

适当地向他人提出要求，有助于提升自我价值感。同时，要学会拒绝他人，强化自主性，增加安全感。

4. 调整身体姿态

采用强势站姿，即直立、双脚与肩同宽、抬头挺胸、目光坚定，并配以得体服饰，可以提升自信，减少愤怒情绪的伤害。

5. 设立并追求目标

设定一个长远目标，并一步步实现它。随着目标的接近，内心将变得更加强大，愤怒情绪出现的概率也会降低。

6. 认识愤怒的双刃剑特性

愤怒并非全然无益，它能让人看起来更强大、更具攻击性，有时也是一种自我保护。但长期保持愤怒情绪并非好事，这通常意味着个人的力量不足以支撑自尊和自信。

7. 寻求专业帮助

如果愤怒情绪持续困扰，且自己难以处理，不妨寻求心理咨询师或专业人士的帮助。他们能提供更具针对性的建议和方法。

实战演练

王浩性格直爽，也很乐于助人，在公司里很受欢迎。但是他的脾气有些暴躁，每当遇到不如意的事情，他的愤怒就像被点燃的火焰，瞬间爆发出来，不仅伤了别人，也让自己事后懊悔不已。

一天，王浩因为工作上的误会，与同事张华发生了争执。愤怒之下，他说了许多冲动的话，场面一度十分尴尬。经过同事们的劝说，他才悻悻地回了家。回家后，他又有些后悔，觉得自己今天过于冲动了，于是给张华发了个信息道歉，虽然张华回复说没关系，但王浩知道，两人的关系肯定没法恢复得和以前一样了。这让他开始反思，自己之前是不是在“愤怒管理”方面存在一定的问题。于是他决定，好好控制自己的愤怒情绪。

他首先尝试的是深呼吸。每当感到愤怒涌上心头时，他就闭上眼睛，深吸一口气，再缓缓吐出，让心情慢慢平静下来。这个方法虽然简单，但效果显著，至少让他能在冲动之前按下暂停键。

接着，王浩开始尝试运动。每当遇到让自己生气的事情，他就出去跑一圈，让自己冷静下来，再分析愤怒的根源，并思考更建设性的应对方式。他发现，在冷静的过程中，那些积压在心里的负面情绪得到了释放，而且，他也学会了从不同角度看待问题，减少了不必要的争执。

随着时间的推移，王浩发现，自己面对挑战和冲突时，不再是那个一触即发的“火药桶”。他学会了用更温和、理性的方式去沟通，不仅解决了问题，还赢得了他人的尊重和理解。

总结时刻

遇到让人生气的事，别急着发火，试着冷静地说出来。告诉对方你的感受，比如“你这样让我很生气”，而不是直接骂人或砸东西。这样，既能让人知道你的底线，又不会伤害到任何人。同时，找一些方法化解这股怒气，比如深呼吸、出去走走，或者找朋友聊聊。别让愤怒控制你，要做它的主人，用健康的方式处理情绪，让生活更加和谐美好。

摆脱抑郁情绪：寻找价值，走出无意义的阴影

内耗难题

明哲一直是个对工作充满热情、追求卓越的人。最近，公司分配给他一个重大项目，他全力以赴，希望能交出一份满意的答卷。

然而，事情并不像他想象的那么顺利。在项目执行的过程中，他遇到了诸多预料之外的挑战。尽管明哲拼尽全力应对，但项目结果仍未能达到预期目标。

面对不尽如人意的结果，明哲感到极度沮丧。他开始不断自责，认为自己能力不足，为何别人能轻易完成的事，自己却做不到。他情绪低落，意志力减弱，工作热情大幅下降，效率也大不如前。他开始逃避与同事交流，将自己封闭起来，社交能力明显受损。

朋友察觉到明哲的变化，担心他患上抑郁症，于是陪同他咨询了心理医生。医生了解到明哲的遭遇后，解释说，他目前只是处于抑郁情绪中，尚未发展成抑郁症。但如果这种情绪持续不改，有可能会演变成抑郁症。

智慧点睛

对任何事情都失去兴趣，觉得做什么都没意义，往往是抑郁情绪的典型信号。但要明白，有抑郁情绪并不等同于患上了抑郁症。抑郁情绪其实很常见，很多人在面对压力和困难时，都可能会有这种感受；而抑郁症则是一种需要专业治疗的心理疾病，它可能会长期存在并逐渐加重。陷入抑郁情绪的人，通常会显得消极懒散、精神萎靡。要想摆脱这种情绪，关键是要找到让自己变得更有价值的方法。

反内耗知识

摆脱抑郁情绪的方法

在当今这个快速运转的社会中，人们都在极力追求效率与成果，这无疑给本就肩负重担的人们增添了更多无形的压力。若所做的事情未能如愿以偿，就可能会陷入抑郁的情绪之中。为了摆脱这种情绪，以下几个方法或许值得一试。

1. 正视并抒发抑郁情绪

面对抑郁情绪，首先要保持冷静与理智，认识到它就像心理感冒一样，是任何人都有可能经历的。当抑郁情绪涌上心头时，不应忽视或任由其发展，而应积极地去应对。直接抒发抑郁情绪是一种有效的缓解方式，每个人可以根据自己的性格特点选择适合的表达方式，比如大哭一场或是写日记等，将内心的抑郁情绪宣泄出来。

2. 接受并顺应抑郁情绪

要摆脱抑郁情绪的关键在于接受并顺应它。当抑郁情绪来临时，不要抗拒或挣扎，而是试着去接受它，坦然地面对自己的不快乐与忧郁。随着时间的推移，抑郁情绪自然会慢慢消散。同时，培养内心的平和与乐观态度也是至关重要的。可以通过学习感恩、设定积极的生活主题等方式，逐渐培养起乐观的心态和情绪，让生活变得更加美好。

3. 以微笑面对生活，收获积极反馈

经常保持微笑也能收获积极的心理反馈。微笑的表情和动作会对内心产生反射和推动作用，长期保持微笑会让人变得轻松愉快。不妨尝试在日常生活中多微笑，用微笑去面对困难和挑战，让积极的心态成为摆脱抑郁情绪的助力。

4. 规律运动释放快乐荷尔蒙

保持一定规律的有氧运动是预防或缓解抑郁情绪的有效方法。运动时，人体内会分泌出内啡肽、多巴胺等荷尔蒙，这些荷尔蒙能够带来愉悦的情绪，有助于改善抑郁状态。因此，建议将运动融入日常生活，成为对抗抑郁情绪的有力工具。

实战演练

小宇一直对自己要求很高，工作上总是追求尽善尽美。但最近，他负责的一个关键项目碰了大钉子，尽管他拼尽全力，结果却令人失望。

这巨大的挫败感让他像被洪水淹没一样，开始不停地怀疑自己。他觉得自己一事无成，做什么都不对。这种自我否定的想法像毒草一样在他心里蔓延，慢慢地，他对生活失去了兴趣，对什么都提不起劲。“自己没用”“活着没意义”的想法在他脑子里转个不停，抑郁的情绪就这样悄悄地缠上了他。

小宇的朋友发现了他不对劲，提醒他可能是抑郁了。小宇开始审视自己的状态，觉得不能再这样下去了。

他决定行动起来，对抗抑郁。首先，他试着冷静地看待自己的情绪，明白抑郁就像心理上的小感冒，谁都有可能碰上。他开始写日记，

把心里的痛苦都写出来。

同时，小宇听从了心理医生的建议，开始运动。他每天跑步，汗水带走了他身上的压力。他还学会了用微笑面对困难，即使心里难过，也努力保持笑容，渐渐地，他的心态也好了起来。此外，他还喜欢晒太阳，享受阳光的温暖，睡眠质量也提高了。

总结时刻

面对抑郁，别害怕，试着去发现身边的美好，无论是通过运动释放压力，还是学习新技能找到成就感。多晒太阳，保持微笑，让心情逐渐明媚起来。更重要的是，丰富自己的价值系统，别只盯着工作，多尝试新事物，让生活多彩多姿。接纳自己的不完美，感恩生活中的点滴，给自己设定积极的目标。这样，你就能逐渐走出抑郁，找回生活的热情和意义，迎接更加美好的明天。

洞察你的恐惧感：正视恐惧，不要总是杞人忧天

内耗难题

王华一直特别害怕坐飞机，尤其是看了一部空难的电影之后，每次抬头看到天上的飞机，他就不由自主地想到飞机掉下来的画面。一开始，他只是有点小担心，但第一次坐飞机时遇到强气流，他吓得魂不附体。在飞机上颠簸时，电影里的那些可怕画面一直在他脑海里转，他觉得“飞机肯定会掉下来”，从此对坐飞机怕得要命。每次得知要坐飞机出差，他都痛苦不堪。他想逼着自己适应，可每次坐飞机都让他更害怕。一走进机场，他就喘不上气，手也抖个不停。在飞机上，他缩在座位上，脸白得像纸，死死地抓着安全带，半天都不敢动。慢慢地，他越来越害怕坐飞机，开始躲着坐飞机，连看到高处的东西都怕，比如看到建筑工地的塔吊，他腿都发软。这种害怕把他的生活搅得一塌糊涂。

智慧点睛

心理学上说，恐惧就是碰到觉得危险的情况，想躲开却没办法，心里就会感到害怕和担忧。这种害怕的感觉，一开始往往是因为心里有些担心的事情。心理学家总结说，恐惧的时候，人会精神紧张、情绪激动、心思乱飞，脑子里一片空白，想逃跑，有时候甚至还想攻击别人。

反内耗知识

如何应对恐惧

从根本上说，恐惧就是当我们感到自己的安全受到某种无法用理智去应对的威胁时，只能通过情绪的方式来表现。恐惧往往源于我们在面对某种状况时失去了应对的策略和能力。那么，我们该如何应对恐惧呢？

1. 优化心态，主动面对

心理专家提议，面对那些既令人恐惧又难以回避的事物，首要任务是调整自我心态，维持一种主动面对的姿态。静下心来，为自己腾出思考与规划的空间，以制定应对策略。策略明确后，再合理调配资源，更有效地应对挑战。

2. 大胆行动，战胜畏难心理

资源准备就绪后，务必果断采取行动。须留意的是，初期的行动可能成效不显，甚至有人还未起步就已心生畏惧与厌烦。此刻，须凭借意志力迫使自己迈出步伐。一旦真正行动起来，你会发现畏难与厌烦的情绪会逐渐减弱，而勇气则会日渐增强。

3. 主动求援，借助外力

人类社会是彼此协作的群体，个人的恐惧可以通过向他人求援来化解。在心理学层面，这被视为一种积极的心理素质。当感到力不从心或资源匮乏时，不妨主动向有经验的朋友寻求帮助，共同应对难题。这是克服恐惧的有效策略。

4. 寻求专业辅导，应对突发恐惧

有些恐惧是突如其来、极具破坏性的，毫无预警，如突发性自然灾害或人身伤害事故。这类恐惧情绪往往难以通过常规的治愈手段得到缓解，此时最佳做法是寻求心理专家的协助。心理专家能提供专业的指引与支持，帮助我们减轻恐惧造成的心理创伤。

实战演练

李浩长久以来一直被恐惧的情绪缠绕，让自己陷入了无尽的内耗。自从看了一部描述灾难的电影后，他开始对各种可能发生的危险感到极度害怕。无论是走在路上担心地震突袭，乘坐电梯时忧虑故障发生，还是看到高楼就幻想其倒塌，这种恐惧让李浩的生活变得异常谨慎，充满了紧张和不安。他意识到，这种恐惧已经干扰了他的日常生活，于是决定勇敢地面对自己的恐惧。首先，他调整心态，告诉自己恐惧是可以战胜的，要有勇气去面对。他开始冷静思考，为各种恐惧情境寻找解决办法。例如，为了克服乘电梯的恐惧，他学习了电梯的安全知识和应急处理，以此增强自己的安全感。李浩还根据制订的计划去寻找资源。他阅读相关书籍和文章，学习如何对抗恐惧；他还向勇敢的朋友请教，获取他们的宝贵经验和建议。他逐渐发现，自己不再那么容易被恐惧所左右，内心的斗争也减少了。当遇到特别难以克服的恐惧时，他会请求有经验的朋友一起帮助他解决。通过与他人的合作，李浩不仅战胜了恐惧，还收获了友谊和成长。

总结时刻

恐惧的出现其实是一个信号，告诉我们需要重新整合资源、改变方法、集中力量去应对问题。因此，当我们面对尚未克服的恐惧时，一方面要有胆量继续尝试，另一方面也要学会向他人求助，别让恐惧情绪扩散开来。

消除心中的抱怨：积极起来，与其抱怨，不如行动

内耗难题

刘猛是一名平凡的上班族，他时常陷入无尽的抱怨之中，难以自拔，这导致他内心严重内耗。

在工作时，每当碰到难题，刘猛不是主动寻找解决方案，而是开始埋怨。他埋怨工作任务繁多，埋怨上司不理解他，埋怨同事不配合。他感觉自己对这些难题束手无策，期盼着别人能伸出援手。每次抱怨之后，他会短暂地得到一丝心理慰藉，仿佛倾诉一番后，压力就有所减轻。

在生活中，刘猛同样是个爱抱怨的人。他埋怨交通拥堵不堪，埋怨物价持续上涨，埋怨天气变幻莫测。他渴望得到他人的认同，所以经常和朋友们一起吐槽各种事情。当听到朋友们的附和时，他会觉得心里舒坦一些。

然而，刘猛的抱怨并没有带来任何正面的转变。问题依然摆

在那里，他的无力感却越发强烈。抱怨让他的情绪更加烦躁，心理压力也与日俱增。

智慧点睛

想象一下，一个小孩在玩耍时遇到了困难，他们会通过哭闹、大声喊叫，或是找各种借口来表达自己的不满和挫败感。这种表现其实是他们内心无助和迷茫的直接反映。而当我们大人因为学习了更多的知识，掌握了更多的技能，面对困难时自然会更加理智和从容。我们知道如何去寻找解决问题的方法，如何调整自己的心态，以更积极的态度去面对挑战。

但即便如此，成年人在遇到某些无法解决的难题时，也可能会感到束手无策，甚至会产生一种深深的挫败感。这时，他们可能会不自觉地回归到孩童时期的那种心理状态，开始抱怨起来。这种抱怨可能不会像小孩那样直接和激烈，但同样会反映出他们内心的无奈和困惑。

反内耗知识

如何解决抱怨问题

面对问题，很多人都会不自觉地开始抱怨。但实际上，抱怨除了增加自己的心理内耗，对于解决问题并没有多少益处。那么，我们该如何解决抱怨问题呢?

1. 行动胜于抱怨

抱怨往往源于对问题的无能为力感，而仅仅停留在情绪表达上，缺乏后续的行动，会加剧这种无力感。要打破这一循环，最有效的方法是采取行动。包括认知上的调整，如减少对他人的过高期待，以及行为上的积极介入，如主动参与解决问题，将抱怨转化为实际行动。

2. 转变认知，合理期待

过高的期待往往是抱怨的根源，特别是当这些期待没能实现时。反思自己的心理，识别是否将个人未完成的梦想寄托在他人身上。学会调整认知，理解每个人都有自己的节奏和限制，减少对他人的依赖和抱怨，有助于个人成长和关系的和谐。

3. 将期待转化为请求

与其在心中默默抱怨他人未能满足期待，不如直接且具体地表达请求。通过有效的沟通，寻求他人的帮助和支持，将期待转化为实际可行的解决方案。这样不仅能减少抱怨，还能增强人际间的理解和合作。

4. 正面应对，心理暗示

抱怨是逃避现实的一种方式，它只能带来短暂的安慰，却无法真正解决问题。学会正面应对困境，用积极的心理暗示替代消极抱怨。记住，世界只关心你的高度，而不是你脚下的基石。通过自我激励，改变心态，用实际行动去创造属于自己的幸福和价值。

5. 明智发泄，注意场合

如果真的需要发泄情绪，应选择适当的方式和对象。与家人或知心朋友分享你的感受，他们能够提供情感支持和建设性意见。避免在工作场合或交情不深的人面前抱怨，以免给自己带来麻烦。

实战演练

张月曾经是一个习惯于抱怨的人，时常陷入自我消耗之中。不管是工作中还是生活中，她都充满了抱怨。终于，有同事难以忍受，和她大吵了一架，她才意识到抱怨并不能解决任何问题，反而让自己陷入了更深的自我消耗。于是，她下定决心做出改变。她首先学会了在负面情绪涌现时，淡然处之，冷静地分析面临困境的缘由。她不再将抱怨作为逃避现实的手段，而是勇敢地面对问题。

在认知层面，张月开始调整对他人的过高期望。她反思自己对家人和朋友的诉求，发现自己常常将人生的希望寄托在他人身上。她决定改变这种认知，不再因他人未能满足自己的期望而抱怨。

在行动上，张月积极参与工作。她不再将自己仅仅视为打工者，而是主动关注公司的发展，将公司的事务视为自己的事业。她发现，这样做之后，自己的抱怨情绪大大减少。

总结时刻

当我们面对困难或挑战时，如果觉得自己无力解决，就会感到焦虑和不安。这时，我们往往会希望找到一种方式来缓解这种压力，而抱怨就是其中的一种。通过向别人诉说自己的困扰，我们希望能够得到他们的安慰、认同和帮助。然而，抱怨并不能真正解决问题。相反，它只会让我们陷入更深的负面情绪中，甚至可能影响到我们与他人的关系。如果我们可以对自己的能力和价值有更深刻的认识和肯定，就会更加自信地面对生活中的各种挑战。

焦虑舒缓指南：科学策略，重获内心平静

内耗难题

沈瑶是一位年轻的职场新人，她长期处于焦虑的情绪内耗中。

在容貌体态上，她总觉得自己不够美丽、不够纤瘦。每次出门前，她都会花费大量时间精心打扮，即便如此，她对自己的外貌依然不满意。

在职业道路上，她目睹同事们一个个获得晋升和加薪，而自己却仿佛在原地踏步。她开始忧虑自己是否不够勤奋，是否能力有所欠缺。在工作时，她如同热锅上的蚂蚁，心神不宁，难以集中注意力。她总是下意识地做些小动作，或是干些无关紧要的事情来排解焦虑。

在日常生活中，沈瑶也感到孤独和焦虑。她觉得自己很难与他人建立有效的联系，身边的朋友似乎都有自己的生活圈，而她总是形单影只。这让她陷于深深的焦虑和内耗之中，她不知道该如何走出这片阴霾。她的生活被焦虑所笼罩，失去了原有的快乐和活力。

智慧点睛

从某种程度上来说，焦虑是我们大脑为了应对可能存在的危险而采取的一种积极反应，就像是我们身体里的一个小卫士，时刻保护着我们不受伤害。当我们觉得某些需求没有得到满足，或者面临一些不确定性和挑战时，大脑就会启动这种自我保护机制，让我们陷入一种焦虑不安的状态，以此来提醒我们要更加警觉，做好应对准备。当然，这并不意味着我们应该放任焦虑的情绪肆意蔓延。过度的焦虑不仅会影响我们的心情和生活质量，还可能对我们的身心健康造成损害。学会如何管理和调节焦虑情绪，对于每个人来说都至关重要。

反内耗知识

如何摆脱焦虑

焦虑，作为现代人生活中的常态，虽无法完全根除，但过度的焦虑无疑会影响我们的生活质量。为了有效摆脱焦虑，我们提供了以下五条实用的策略：

1. 转变容貌观念，增强自信

容貌焦虑在年轻人中颇为常见，但外貌绝非评判个人价值的唯一尺度。首先，要意识到外貌的美丑并非衡量个人价值的唯一准则，内在修养、能力以及情感智慧同样至关重要。其次，应转移注意力，不必过分纠结于他人的看法，而是更多地聚焦于自身的成长与价值实现。最后，应通过均衡饮食、身体锻炼以及规律的生活作息等方式来提升外貌，而非将容貌问题作为逃避现实的托词。

2. 正视金钱焦虑，合理规划财务

金钱焦虑是现代人普遍面临的一种焦虑情绪。很多人将生活中的不顺归咎于“缺乏金钱”，但实际上，金钱焦虑的源头并不在于金钱本身，而是源于我们内心的感受。为了减轻这种焦虑，首先，需要学会理财节约，将个人的欲望控制在自身能力可承受的范围之内，每月多积攒一些资金以增强内心的安全感。其次，可以考虑对职业进行调整，比如开拓副业，这不仅能增加收入来源，还能为未来的职业生涯开辟更多的道路。最后，需要调整自己的观念，将关注点从赚钱转移到提高生活品质上，比如通过健身、跑步、绘画等活动，这样可以有效减轻金钱所带来的焦虑情绪。

3. 设定实际目标，避免过高期望

过高的期望往往是焦虑的源头之一。设定实际可行的目标，逐步实现，有助于减少焦虑感。不要过分追求完美，而是学会接受自己的不足，并在不断进步中寻找成就感。

4. 培养兴趣爱好，丰富生活

兴趣爱好是缓解焦虑的有效途径。投身于自己热爱的活动中，如阅读、写作、旅行等，不仅能丰富生活，还能让人忘却烦恼，享受当下的美好。这些活动还能提升自我价值感，从而减少焦虑情绪。

5. 学会放松与自我调节

焦虑时，学会放松和自我调节至关重要。可以通过深呼吸、冥想、瑜伽等方法缓解紧张情绪。此外，保持充足的睡眠和规律的作息也有助于稳定情绪，减少焦虑感。同时，与朋友、家人分享自己的感受，寻求他们的支持和理解，也是缓解焦虑的有效方式。

实战演练

李颖深陷于金钱与容貌的焦虑之中，生活因此饱受内耗之苦。某日，她在网上读到了一篇关于缓解焦虑的文章。文章提及了守财节流、职业转型和认知调整等策略。李颖深受启发，决定付诸实践。

首先，她开始守财节流。她制订了一份预算计划，每月仅支出必需的费用，尽量减少无谓的开销。她还开始存钱，每月积攒一些资金，为自己增加底气。

其次，她开始思考职业转型。她觉得目前的工作前景黯淡，收入也颇为有限。于是，她开始学习新技能，期望能找到一份更理想的工作。她还考虑开展副业，以增加收入来源。

最后，她着手进行认知调整。她不再将全部注意力聚焦于挣钱和变美上，而是开始注重生活品质的提升。她开始健身、跑步、绘画等，让自己的生活变得更加多姿多彩。她也不再将自己的价值完全寄托在金钱和容貌上，而是开始关注自己的内在修养、能力和情商。

随着时光的流逝，李颖的焦虑逐渐消散。她不再为金钱所困，也不再为自己的容貌而自卑。她开始接纳自己的现状，也开始积极规划自己的未来。最终她摆脱了内耗，重拾了内心的宁静。

总结时刻

焦虑这种情绪，大家都或多或少会碰到，所以偶尔感到焦虑并不奇怪。但是，要是一直被焦虑感包围，整天心神不宁，就得赶紧想办法赶走它。焦虑往往是因为我们对自己的价值认识不足，容易让人感到迷茫。不过，焦虑也有好的一面，就是提醒我们要赶紧找个正面的目标，让生活回到正确的轨道上。

摆脱迷茫感：尝试按下暂停键，寻找自己的节奏

内耗难题

大学毕业后，晓晨进入一家公司上班。刚开始，他劲头十足，想在工作上有所作为。但慢慢地，他对工作感到了困惑。每天重复着同样的任务，他开始怀疑这份工作是否适合自己，也不清楚自己未来的职业道路该怎么走。看着同事们有的忙着升职，有的已经有了明确的职业规划，晓晨觉得自己越来越迷茫。

在感情上，晓晨也是一头雾水。朋友们一个个恋爱、结婚，而他却不知道自己喜欢什么样的伴侣。每次相亲或者和异性相处，他都会纠结对方是不是对的人，生怕自己选错了。

这种迷茫的状态让晓晨非常苦恼，他总觉得做什么事都提不起劲，对未来充满了担忧和不确定。每天醒来，他都感觉自己像是在迷雾中航行，不知道该往哪里走。渐渐地，他变得越来越焦虑，晚上经常失眠。他不停地问自己该怎么办，但始终找不到答案。他感觉自己就像被困在了这片迷雾中，怎么也走不出来。

智慧点睛

很多二三十岁的朋友都会经历一段时间的迷茫。可能是工作上不知所措，感情里找不着北，甚至对整个人生都感到困惑。这个时候，不要着急向前，可以试着按下暂停键，等到摆脱迷茫，找准方向，再继续向前。

反内耗知识

如何摆脱迷茫

面对迷茫，我们常常会感到无所适从，但以下几个方法或许能帮助你找到方向，重新找回生活的热情与意义。

1. 按下生活的暂停键

迷茫时，我们容易陷入一种混日子的状态，无论是工作还是生活，都显得心不在焉。这时候，最需要做的是停下来，给自己一个喘息的机会。停止无效的忙碌，放下手机，减少娱乐，调整作息，保证充足的睡眠和健康的饮食。通过锻炼和休养，自己的身心得以恢复活力。只有当你身心状态良好时，才能更清晰地思考未来。

2. 坚持自己的节奏

在尝试新事物的过程中，我们或许会遇到阻碍。此时最为关键的是坚守自己的步伐，不要被外界的资讯与干扰扰乱。每个人的成长步伐与道路都是独一无二的，无须与他人比较。正如长跑比赛，只有维持稳定的步伐与呼吸，才能坚持抵达终点。学会屏蔽无关紧要的资讯，全神贯注于自己的目标与节奏，你会发现，困惑终将消散，而你将会迎来一个更加明确且充实的未来。

3. 勇于尝试新事物

当我们感到迷茫时，往往会把自己局限于一种可能性之中，然而，实际上世界是充满无限机遇的。不必恐惧去探索那些你尚未踏足的新领域。每一次的尝试都是一次珍贵经验的累积，为将来的成就铺路。

4. 深入学习与思考

迷茫往往源于对未来的不确定。为了找到方向，我们需要更深入地了解自己，包括自己的兴趣、优势和期望的生活方式。阅读经典书籍，尤其是那些伟大人物的自传和智慧结晶，可以为我们提供宝贵的经验和启示。同时，阅读和思考还能提升我们的认知水平，让我们更明智地面对问题，找到解决之道。

实战演练

李阳在一家公司上班，但越来越觉得迷茫，既不确定是否真心喜欢，也不知道将来的职业道路该怎么走。在感情上，他同样十分迷茫，不清楚自己理想中的伴侣是什么样。

直到有一天，李阳意识到不能再这样沉沦下去。他决定按下生活的暂停键，开始调整自己的生活状态。他改变了作息时间，早睡早起，吃得健康，还加强了锻炼。他清理掉了很多不需要的物品，放下了那些遥不可及的欲望。随着生活的规律化，他的精神状态也慢慢好转。

接着，李阳投身于学习和思考。他读了很多好书，从那些伟大的智者身上学到了很多。通过阅读，他逐渐认识到了自己迷茫背后的情绪——原来还有焦虑和恐惧在作祟。他开始有针对性地应对这些情绪，同时不断提升自己的思维水平。

李阳还鼓起勇气尝试新事物，参加各种活动，挑战自己从未做过的事情。虽然起初遇到了不少困难，但他没有退缩，而是不断积累经验。

经过这一系列努力，李阳不再迷茫，不再内耗，而是满怀信心地朝着自己的目标迈进。

总结时刻

二三十岁时，我们可能会在情感、工作、生活等方面感到困惑，很多人也会在困惑中消磨掉大部分的时光，而仅在少数关键的时刻实现真正的蜕变。因此，困惑可以说是成长历程中的一条必经之路，它为你的心胸变得更加宽广和心智更加成熟奠定了基础。

提升情绪价值：情绪劳作要适度，拒绝透支情绪

内耗难题

小林是一家公司的人力专员。表面上看，他的活儿似乎不怎么累，主要就是负责招人、记录考勤这些。但奇怪的是，他每天下班时都十分疲惫。

这天上午，他接了几个求职者的电话，其中一个态度不太好，对公司的要求挑三拣四，小林耐心地解释了半天，对方还是不买账，最后两人不愉快地挂了电话。这通电话让小林心里有点烦，他开始怀疑自己是不是不会和人打交道。

接着，领导又找他商量新的招聘计划，还给他加了不少工作量。小林顿时感觉压力山大，心里暗暗发愁能不能搞定。

下午，又有两个员工因为工作上的矛盾来找小林评理。他们俩都争得面红耳赤，情绪激动。小林费了好大劲儿才把他们的情绪安抚下来，想帮他们找个解决办法。回到家，小林往沙发上一瘫，回想这一天，“情绪”用得太多了，在各种情绪的折腾下，他的精力都被掏空了，陷入了严重的内耗。

智慧点睛

很多人可能都有过这样的感觉："明明一整天都没忙什么具体的事，怎么还是觉得累得不行呢？"除了没睡好或者身体有点问题之外，还有一个可能的原因，就是你这一天里"情绪"用得太多了。看起来好像没做多少活儿，但一天到头还是觉得非常疲惫。这其实是因为你在情绪上花费了太多精力，做了很多情绪上的"体力活"。

反内耗知识

如何破解疲惫

我们内心的真实感受（就是此刻心里怎么想、怎么感觉）和我们表现出来的情绪（就像是在情绪上做的工作）之间存在的差别，会直接影响到我们的感受。所以，要想不那么累，关键就是要减少这两者之间的差距。

1. 直面情绪，拒绝压抑

许多人误以为情绪管理就是隐藏情绪，强颜欢笑，以保持情绪稳定，认为这是高情商的表现。但实际上，这种压抑情绪的做法只会让自己更加疲惫。真正的高情商，并非自我压抑，而是学会让内心回归平和。如果有时候你确实需要通过发脾气来解决问题，那么不妨直接表达，不必勉强压抑自己。

2. 调整认知，积极面对

在职场中，有时我们难以直接表达情绪，这时就需要调整自己的认知，学会从积极的角度看待问题。情绪其实并非完全不可控，它是我们主观选择的结果。

3. 事实纠错，培养积极思维

你察觉自己的思绪常趋于负面与消极，不妨尝试借助事实来纠正并培养积极的心态。时常从相反的角度去质疑并反驳自己的消极念头，这种自我反思与纠正的练习，不仅能促使你变得更加乐观向上，还能增强你的逻辑思考能力和判断能力。一旦你掌握了以更积极、理性的视角审视问题的方法，相应的疲惫感受也会有所减轻。

4. 接纳自我，适度放松

在繁忙的工作与生活中，要学会接纳真实的自己，包括偶尔感到的疲惫与无力。不必时刻苛求自己达到完美，应为自己预留一些放松与休憩的时光。恰当的休息与放松是恢复体力、减轻疲劳的关键方式。不应等到身心俱疲时才去寻求休息，而应在日常中就注重工作与休息的平衡，使自己维持在一个良好的状态之中。

实战演练

马洁在一家企业做销售，每天都要应对形形色色的客户。为了达成销售指标，她不得不戴上社交的“面具”，投入大量的情绪劳动，这让她疲惫至极。

为了改变这种状态，马洁决定首先尝试真实地表达情绪。有一次，一位客户提出了极为苛刻的要求，马洁感到很愤怒。以往她会压抑自己的情绪，继续取悦客户，但这次她决定坦诚地表达自己的感受。她委婉地告知客户这个要求有些不合理，并给出了原因。出乎意料的是，客户并未生气，反而开始考虑她的意见。这次经历让马洁明白，真实表达情绪并不一定会招致不良后果。

当无法直接表达情绪时，马洁便调整认知，以积极的心态去思考。有一次，她在前往拜访客户的途中遭遇堵车，心情十分烦躁。但她想起了之前学到的方法，开始从积极的方面去看待这件事。她想，堵车或许是一个契机，可以让她整理思绪，以便更好地与客户沟通。如此一想，她的心情便平复了许多。

随着时间的推移，马洁逐渐摆脱了过度情绪劳动的状态。她不再那么疲惫，内耗也大大减少。

总结时刻

适度的情绪付出没问题，但长期这样就不行了。你看演员们，虽然整天演着别人的生活，体验着别人的情感，但他们还是活得很滋润。因为他们明白，戏再长也有演完的时候，自己的生活才是最重要的，不能老活在别人的角色里。要是你总是这样不顾一切地消耗自己的情绪，又不试着去改变，那以后你这笔“情绪债”会越积越多，直到有一天你根本还不起。

正确化解嫉妒：提升自我价值感，拒绝嫉妒陷阱

内耗难题

小晴是个平凡的女孩，家境普通，长相也不出众。在学校里，她总是默默无闻，像是一朵不起眼的小花。当她看到班里的同学们一个个既漂亮又学习优秀时，心里不禁泛起了嫉妒的涟漪。

每当课间休息，看到其他女同学穿着漂亮的衣服，在教室里自信地谈笑风生，小晴就觉得自己仿佛置身于一个灰暗的世界。她看着镜子中的自己，平凡无奇，心里不禁涌起一股自卑感。更让她难受的是，这些女同学不仅外表出众，学习成绩也总是名列前茅，让她感到自己仿佛被远远甩在了后面，无论怎么努力都赶不上。

这种嫉妒的情绪开始慢慢侵蚀着小晴的心灵，让她变得无心学习。每次翻开书本，她的思绪总是不由自主地飘向那些让她羡慕的同学，无法集中精力。她知道自己这样不对，会影响学业

和未来，但就是无法摆脱这种负面的情绪。小晴感到十分困惑和迷茫，她不知道该如何面对自己的不足，也不知道如何走出这片阴霾。

智慧点睛

嫉妒是心里对别人产生的冷淡、看不起、疏远或对立的感觉，它往往因为觉得自己不如别人而产生。嫉妒会让人说坏话、逃避问题，甚至伤害自己，有时还盼着别人不好。心理专家说，心里强大、对自己有信心的人不容易嫉妒。他们认识自己，觉得自己有价值，安全感也足，所以嫉妒就少。所以，要减少嫉妒，关键是要更认识自己，觉得自己有价值。

反内耗知识

如何化解嫉妒

嫉妒常常让我们在比较中迷失自我，影响我们的心态和行为。然而，通过一些有效的方法，我们可以减少嫉妒的频次或强度，让自己更加从容地面对生活中的各种挑战。

1. 提升自尊，建立积极自我

自尊是我们内心的基石，它包括自爱、自我概念和自信三个部分。要提升自尊，首先要学会自爱，即照顾好自己的感受和情绪，让自己感到被爱和有价值。同时，建立稳定的自我概念也很重要，要接受自己的独特之处，认识到每个人都有自己的优缺点。此外，通过不断体验小成功，积累自信，也是提升自尊的有效途径。当你自尊得到提升，你会发现嫉妒情绪不再那么频繁地困扰你。

2. 提高自我效能，增强能力信任

自我效能是指我们对自己能力的信任和信心。心理学家卢桑斯提出的心理资本概念中，自我效能是其中的重要组成部分。要提高自我效能，首先要认识自我，了解自己的优势和不足。然后，带着学习的心态去主动学习和模仿那些比我们优秀的人，不断提升自己的能力。当你对自己的能力有了更深的信任，你就会更加自信地面对生活中的各种挑战，减少嫉妒情绪的产生。

3. 明确目标，专注自我追求

很多时候，我们之所以会嫉妒别人，是因为我们不清楚自己想要什么。因此，明确自己的目标，把精力和时间锁定在自己的追求上，是减少嫉妒情绪的有效方法。同时，当嫉妒情绪来临时，我们也可以选择暂时回避，让自己的情绪处在平稳状态，以便更有效地思考和行动。记住，每个人的成功都是独一无二的，我们应该专注于自己的道路，追求属于自己的成功。

实战演练

雅梦原本成绩还算不错，但最近一段时间她的成绩却像坐上了滑梯，一路下滑。原来，她心里藏着一个秘密——她嫉妒班上的学习委员小丽。原本她和小丽的成绩差不多，但是最近小丽一直在进步，这让雅梦心里五味杂陈，既羡慕又嫉妒。这种情绪像一块大石头，压得她喘不过气来，学习也变得越来越没动力。

老师发现了雅梦的变化，决定找她谈一谈。一天，老师把雅梦叫到操场，温柔地询问她最近的学习情况，雅梦终于鼓起勇气，说出了心中的烦恼。老师听后，没有责备，反而耐心地开导她："每个人都有自己的闪光点，小丽成绩好，但你也有你的独特之处。嫉妒只会让你迷失方向，不如把它转化为前进的动力。"

老师的话像一股暖流，温暖了雅梦的心房。她开始反思自己，决定积极改变。她不再把目光只放在小丽身上，而是专注于自己的学习。

每天放学后，她都会留在教室里，认真复习当天的知识点，遇到不懂的问题就主动向老师或同学请教。她还制订了详细的学习计划，合理安排时间，确保每天都有进步。

渐渐地，雅梦的成绩有了明显的提升。她不再嫉妒小丽，反而开始欣赏她的优点，两人还成了学习上的好伙伴。雅梦发现，当她把注意力放在提升自己上时，她和同学们的距离也在不知不觉中拉近了。

总结时刻

发现比自己优秀的人，产生一点嫉妒之情是可以理解的。化解的关键在于提升自我价值感，认识到自己独一无二，也有闪光点。不要总盯着别人的好，要多看看自己的进步和长处。遇到嫉妒来袭，换个角度看，把它当作成长的动力。拒绝嫉妒的陷阱，不让自己陷入无尽的比较和痛苦中。当你内心强大，自信满满，嫉妒就无处藏身。

赶走内心的自卑：培养自信，让自己焕然一新

内耗难题

郑南是一家大公司的员工，毕业于一所普通的大学，而身边的同事大都毕业于重点大学，还有一些硕士生和博士生，这让他觉得自己能力不行，底气不足，十分自卑。每当面对新的工作任务或是需要展示自我的场合，郑南总是犹豫不决，畏首畏尾。

在团队会议上，郑南总是默默坐在角落，即便心中有想法也不敢轻易发言，生怕自己的观点不被认可或是引来嘲笑。时间久了，领导分配任务时也往往忽略了他，认为他缺乏承担重任的能力。这种忽视让郑南更加沮丧，他感到自己仿佛被职场边缘化，成了一个可有可无的存在。

自卑的情绪像一张无形的网，让郑南在工作中越来越感到力不从心，他渴望被看见、被认可，却又害怕迈出那一步，害怕失败后的嘲笑和失望。郑南深知，这样的心态正在一点点消磨他的职业热情，他却不知如何打破这层困扰。

智慧点睛

自卑感是当我们觉得自己不够好时产生的负面情绪，常伴随着害羞、担忧等感觉，容易让我们小看自己，遇到困难就逃避。自卑既能拖慢我们的成长步伐，也能激励我们更加奋发。面对自卑，有的人会选择勇敢面对，努力克服，而有的人则会停滞不前。正确理解并接受自卑感十分重要。批评和否定只会让我们更加不自信，相反，鼓励和认可能够建立我们的自信。所以，我们应该学会自我激励，增强内心的力量，用自信的态度去面对生活。通过改变心态，我们可以把自卑变成成长的机会，实现自我提升。

反内耗知识

控制自卑，培养自信

自卑的人往往持有消极思维，对自己的评价过于苛刻，一旦遇到阻碍便不停地自责，过度反思并严厉批评自己，这样的行为不仅侵蚀了自信，还让我们对工作与生活的热情逐渐消逝。不过，重要的是要认识到，自信并非与生俱来的特质，而是可以通过后天努力逐渐培养起来的一种能力，一种我们可以主动选择并塑造的生活态度。以下几种切实可行的方法，旨在帮助大家克服自卑，树立自信，以更加昂扬的姿态去拥抱生活中的每一个挑战。

1. 接纳自己的不完美

每个人的身上都难免存在着一些不足和缺陷，这是人性中普遍存在的现象。重要的是，我们要学会正视并接受自己的不完美，不必因此感到沮丧或自卑。唯有当我们真心实意地接纳了自己，外界才会以更加宽容和理解的心态来接纳我们。接纳自己的全部，包括优点与不足，是与人和谐共处、建立良好关系的第一步，更是构筑自信大厦的坚固基石。

2. 积极改变，重塑信心

面对自身的不足之处，我们应当勇于迈出积极的改变步伐。例如，当察觉到自己的专业能力有所欠缺时，我们应当主动寻求提升的途径，比如参加进修课程，或是向业内的佼佼者虚心求教，而不是选择自卑地退缩和逃避。通过实实在在的行动，我们能够逐步重建自信，让自己在面对生活的各种挑战时，拥有更加坚定的意志和勇气。

3. 合理控制自卑，追求优越感

自卑情绪并非毫无价值，适度的自卑感能够成为我们追求卓越、获取优越感的重要驱动力。然而，过度的自卑感则会变成一种阻碍，影响我们的成长与发展。因此，我们需要学会适当地管理和调控自卑情绪，选择恰当的参照对象进行比较，学会正视并接受自己的失败，将目标细化，逐步积累自信的经验。这样，自卑情绪就能持续地为我们追求更高的自我实现提供正向的激励与支持。

4. 寻找内心平和的力量

在积极投身于事务的过程中，我们应当学会发掘内心那份平和而坚韧的力量。摒弃追求即时享乐的念头和面对困难时的退缩心理，为了心中所向往的生活勇敢地奋斗不息。尽管这一过程可能会充满挑战与不易，但当我们逐渐建立起强大的自信时，会发现人生因此而变得更加丰富多彩，充满了意义。

实战演练

章坤自小性格内向，再加上家境不好，总是觉得自己处处不如人，于是十分自卑。每当与人交往时，他总是低着头，声音细若蚊蚋。

上了大学后，身边都是来自大城市的同学，而自己来自农村，吃穿用度都和别人不在一个档次上，自卑感更重了。

一天，章坤去听了个讲座，主讲人是个残疾人，依然笑对生活，这让他深受启发。他开始意识到，每个人都有自己的闪光点，关键在于是否愿意去发现并努力提升。

从那以后，章坤像变了个人似的。他报名参加了英语口语班，虽然起初在班上几乎不敢开口，但他没有放弃，每天早起练习发音，晚上则沉浸在英文电影和书籍中。同时，他还加入了镇上的摄影社团，虽然摄影技术拙劣，但他用心观察，勤于实践，渐渐地，他的作品开始受到社团成员的认可。

随着时间的推移，章坤的英语流利了，摄影技术也日益精湛。更重要的是，他的眼神里多了一份从容与自信。同学们被他积极向上的态度所吸引，主动与他交往，邀请他参加各种活动。

总结时刻

自卑和自信就像在我们心里进行一场拔河比赛，要想赶走自卑，可以试着多培养自信。与人交往时，抬头挺胸，积极发言，展现真实的自己。别怕犯错，每次跌倒都是成长的机会。记住，你独一无二，有自己的光芒。别让自卑遮住你的光彩，勇敢地迈出每一步，你会发现自己焕然一新，自信满满！

反内耗心得

读完这一章的内容，你对反内耗有什么感受？请结合自己的情况，把它写下来吧！

第四篇

行动赋能，跨越内耗的鸿沟

要跨越内耗的鸿沟，关键在于行动赋能。拖延只会加剧内心的消耗，使目标渐行渐远。因此，必须坚决摒弃拖延的陋习，培养立即行动的良好习惯。每当面临任务或挑战时，都应迅速调整心态，摒弃犹豫与迟疑，即刻付诸实践。通过不断的实践与积累，将马上行动内化于心、外化于行，使之成为推动自我进步与成长的强大动力。这样一来，我们就能以高效能的行动跨越内耗的障碍，实现个人潜能的最大化释放。

拖延终结者：策略与实践，克服拖延恶习

内耗难题

小海是一个频繁陷入拖延与自我消耗旋涡中的人。每日清晨醒来，面对一长串待办事项，他总是缺乏立即行动的动力。他告诉自己，先玩会儿手机放松放松，结果这一放松就演变成了放纵。时间在不知不觉中溜走，而那些至关重要的任务依然原封不动地躺在那里。

当他察觉到自己又虚度了许多光阴时，内心充满了懊悔。在拖延的过程中，他一边为时间的浪费而自责，一边又不断为自己寻找各种借口。他认为任务太过艰巨，或是自己状态欠佳，总是期待着稍后再做。

随着拖延的次数日益增多，小海变得越来越焦虑，深陷自我消耗之中。他开始质疑自己的能力，觉得自己一无所成。这种负面情绪进一步削弱了他面对任务的勇气，导致拖延问题越发严重。

智慧点睛

拖延会导致内耗，而这种内耗反过来又会促使拖延变得更加严重。在不经意间，我们会将大量的时间倾注于各式各样的“休憩”与“舒缓”之中，屈服于拖延带来的即时满足。在意识到自己的拖延后，又开始内耗，如此反复，恶性循环。

反内耗知识

如何克服拖延

拖延并非不可战胜的敌人，通过一系列科学有效的方法，我们完全有能力将其克服，从而拥抱更加高效的生活。以下五种策略，将为你提供一套全面的解决方案，帮助你跨越拖延的障碍。

1. 培养微小习惯并实践普瑞马法则

克服拖延的第一步，是从细微之处着手，逐步建立起对任务的掌控感。微小习惯的培养，正是这一过程的起点。每日坚持一项小任务，如阅读一页书、练习五分钟乐器，这些简单的行动虽不起眼，却能在日积月累中汇聚成强大的动力，推动你逐步克服拖延。然而，面对紧迫或难以分割的任务时，普瑞马法则则显得尤为关键。这一原则鼓励我们每日首先攻克最艰巨或最不愿执行的任务。其背后的逻辑在于，一旦完成了最具挑战性的工作，后续的任务将显得相对轻松，自信心也会因此大幅提升。

2. 勇于尝试，快速优化

许多人在面对任务时，总是希望等到准备万无一失时才付诸行动，结果却往往因过度筹备而错失良机。为了克服这一困境，我们应倡导勇于尝试与快速优化的理念。具体而言，就是在准备工作达到约六成时就着手行动，尤其对于积极拖延者而言，这一策略尤为重要。在行动过程中，不断收集反馈，调整计划，优化目标。

3. 消除干扰，增强专注

难以集中注意力，是拖延的另一个重要原因。在现代社会中，手机信息、同事的打扰以及嘈杂的工作环境，都可能成为分散我们注意力的源头。为了提升工作效率，我们必须学会消除这些干扰，为自己创造一个安静且无干扰的工作环境。

4. 运用番茄计时法管理时间

弗朗西斯科·西里洛创造的番茄计时法，是一种高效且易于实施的时间管理策略。其核心理念在于，将工作时间分割成若干个短暂且集中的时段，每个时段通常为 25 分钟，随后休息 5 分钟。这种方法有助于避免大脑因长时间连续工作而过度疲劳，同时提升整体的工作效率。每完成四个短暂休息周期后，进行一次更长时间的休息（约 30 分钟），以确保大脑得到充分的休息与恢复。

5. 设置心理警报，激发行动动力

克服拖延需要我们在心理上建立起一套有效的预警机制。一旦察觉到拖延的迹象，立即在脑海中触发这个“警报信号”，以激励自己立即采取行动。

实战演练

张月长久以来一直受拖延与内心消耗的困扰。面对每日未完成的任务清单，她总是缺乏动力，先选择观看电视剧、浏览手机来“放松”自己，事后却又深感懊悔。在拖延的过程中，她时而为逝去的时间感到惋惜，时而责备自己的无能，还不停地为自己寻找各种理由。

她清楚地知道，拖延让自己变得忧郁并丧失了信心。在一次次下定决心—拖延—焦虑消耗—放弃的恶性循环中，她终于决定要有所改变。

她采用了番茄工作法，设定 25 分钟的工作时间和 5 分钟的休息

时间。在工作时段内，她全神贯注，效率显著提升，休息时也再无负罪感。

为了远离干扰，她找了一个安静的工作环境，专注于任务，不被外界所打扰。同时，她还加入了效率小组，与有相同任务的朋友约定时间共同学习和工作，效率得到了明显的提升。

张月还在脑海中为自己设置了一个“提示音”，每当有拖延的迹象时，这个提示音就会立刻响起，激励她立即行动起来。随着时间的推移，张月逐渐摆脱了拖延与内心消耗的状态，以全新的面貌迎接生活和工作中的各种挑战。

总结时刻

实际上，每个人的心灵深处都潜藏着或多或少的拖延倾向。拖延本身并不可怕，关键在于，你需要在内心深处对你真正珍视和在意的事情进行优先级排序，挑选出那些真正至关重要的事务，以此作为突破口来改变你的拖延。而对于那些生活中相对不那么重要的琐碎事务，偶尔的拖延也并不会造成太大的影响。不必为此过度忧虑，更无须让自己背负上沉重的负罪感。

SMART 目标设定：明确方向，激发行动动力

内耗难题

韩阳在日常工作的同时，还全身心投入写作和运营自媒体账号之中。有一段时期，韩阳就像一个不停旋转的陀螺，忙碌不已。在写作时，他本应专心致志地进行选题策划和构建文章框架，但他的心思总是飘忽不定，写着写着就会想到自媒体账号需要更新，于是匆匆忙忙地拼凑一些内容去应付更新。他在不同的目标之间来回奔波，经常忙碌到深夜才入睡。这直接导致他白天上班时精神不振，哈欠连天。

在一次工作中，由于状态不佳，韩阳错误地报告了客户信息，造成了严重的工作失误。老板毫不留情地对他进行了严厉的批评。由于长期睡眠不足和作息混乱，韩阳整个人每天都处于极度紧张的状态，耳边开始响起嗡嗡作响的声音，且挥之不去。后被医生确诊为神经性耳鸣。

智慧点睛

目标是构筑事业大厦的基础，但绝不是决定成功与否的唯一要素。要获得成功，就需要你逐步摒弃杂念，清晰地确定你的核心关注点，并了解哪些人和事是需要你割舍来集中精力的，从而实现有效的投入。如果不懂得精简目标，根据自己的实际情况来行动，只会让自己付出更多的代价，最终会发现这一切可能并不值得。

反内耗知识

如何正确设定目标来减少内耗

设定清晰、有效的目标是减少内耗、提升效率的关键。以下是基于 SMART 原则（具体 Specific、可衡量 Measurable、可实现 Attainable、相关性 Relevant、有时间限制 Time-bound）的策略，旨在指导你如何通过设定目标来降低内耗：

1. 具体性：明确方向，减少迷茫

在设定目标时，具体性至关重要。一个宽泛的目标，如“我要变得更好”，因其缺乏明确的指向性，往往让人在追求的过程中迷失方向，增加内耗。相反，一个具体的目标，如“我计划每天投入一小时学习，半年学会法语”，则能清晰地指导我们的行动，减少因不确定性而产生的迷茫与内耗。

2. 可衡量性：量化进度，激发成就感

可衡量的目标如同标尺，能够清晰地衡量我们的进展，从而激发成就感，减少内耗。一个模糊的目标，如“我要减重”，因其缺乏具体的量化指标，往往让人在努力的过程中感到迷茫与挫败。而一个可量化的目标，如“我计划在一个月内减掉五斤”，则能通过体重

秤等具体指标来监测进展，让努力变得可见，让成果触手可及。

3. 可实现性：合理设定，减少挫败

设定过高或不切实际的目标，往往会带来沉重的压力，增加自我怀疑，加剧内耗。例如，从零基础的绘画到“一个月内成为专业画家”显然是一个不切实际的目标，不如从基础做起，设定一个更为合理的目标，如“每天练习简单素描一小时，逐步提高自己的绘画技能”。这样的目标既能够激发我们的积极性，又能够在实现的过程中逐步建立信心，减少挫败感，从而降低内耗。

4. 相关性：符合内心需求，激发动力

在设定目标前，我们需要审视自己的内心需求，明确自己的兴趣所在，了解自己的优势与短板，确保目标与个人价值观、长期规划相符。

5. 时间限制：创造紧迫感，促使行动

没有时间限制的目标，如同没有终点的马拉松，容易让人产生拖延心理，导致任务累积，增加内耗。为了避免这种情况的发生，我们需要为目标设定明确的截止日期，如“两周内读完一本书”。这样的时间限制能够创造紧迫感，促使我们高效行动，减少拖延带来的内耗。

实战演练

娜娜曾经是一个深受严重内耗困扰的人。在职场上，她对自己的职业前景感到迷茫，不清楚该朝着哪个方向奋斗。在日常生活中，她也总是举棋不定，做任何事都缺乏激情。

有一天，娜娜在参与一场关于职业发展的研讨会时，接触到了 SMART 目标设定原则。她决定利用这个方法转变自己的状态，挣脱内耗的束缚。

首先，娜娜开始审视自己内心真正的渴望。经过深入的思考，她确立了自己的长远目标——成为一名杰出的市场营销专家。接着，娜娜将这个长远目标拆解成一系列可以量化的短期目标。比如，她计划在三个月内精读两本市场营销领域的专业书籍，并撰写读后感；在半年内参加一次市场营销的培训班，增强自己的专业技能。

在评估目标的可实现性时，娜娜结合自己的实际情况进行了考量。尽管她目前在市场营销方面的经验尚浅，但她拥有学习的热情和毅力。她制订了科学的学习计划，每天预留一定的时间用于学习和实践。

为了确保目标的相关性（Relevant），娜娜思考了这个目标与个人价值观和兴趣爱好的契合度。她发现自己对市场营销充满热情，喜欢通过创新的营销策略来推广产品和服务。最后，娜娜为每个短期目标都设定了清晰的时间框架。她制定了详细的时间表，将每个任务分配到具体的日期，确保自己能够如期完成。

自从按照 SMART 目标设定原则行动起来后，娜娜逐渐摆脱了内耗的困扰。她不再迷茫和犹豫不决，而是满怀激情地朝着自己的目标迈进。

总结时刻

SMART 目标设定是明确方向、激发行动动力的关键。设定目标时，需确保其具体（Specific）、可衡量（Measurable）、可实现（Attainable）、相关性（Relevant）及有时间限制（Time-bound）。明确的目标如同航海图中的坐标，指引我们前行的方向。同时，它也能激发我们内心的动力，促使我们积极行动，不畏挑战，勇往直前。通过 SMART 原则设定目标，我们能更高效地规划路径，将愿景转化为现实，成就更加卓越的自己。

微习惯养成：小步快跑，持续改变的力量

内耗难题

赵琳觉得自己的生活似乎处处碰壁。在职场上，尽管她尽心尽力，却始终难以获得上司的肯定，项目推进也是举步维艰，仿佛前路被重重阻碍。每当接到新任务，她的内心便开始上演各种担忧：害怕自己做不好会招人责备，担心同事们会质疑她的能力。这些杂念让她在工作中变得迟疑不决，效率大打折扣。

生活中，赵琳也面临着同样的困扰。她与朋友间的关系似乎变得微妙而紧张。一次小小的误会，就足以让她陷入长时间的烦恼之中。她不断地在心里揣测朋友的意图，是不是对自己有所不满？是不是从此会疏远自己？这些念头在她的脑海中挥之不去，让她夜不能寐。

赵琳深知自己不能再这样下去了，她也想要停止内耗，改变当前的困境。她尝试着去做些事情，比如运动，希望通过运动来

释放压力。然而，每当她准备迈出家门时，内心总会响起一个声音："已经这么累了，何必再折腾自己呢？"于是，她又退缩了。

智慧点睛

当你内心感到焦虑或困扰，往往是因为思绪纷飞，自我设障。此刻，你需要暂停一下，别再让自己受苦了，仔细审视一下日常中的微小习惯，或许能发掘出解决问题的新途径。这些避免自我过度损耗的习惯，会成为你最强大的支撑，给予你内心的安宁，同时这份安宁也会感染到周围的人。这是一件非常有意义的事情。我们应当从生活的细微之处着手，逐步积累，渐渐改变。最终，你的生活面貌定会有巨大的转变。

反内耗知识

不内耗的几个微习惯

在快节奏的现代生活中，内耗成为许多人难以摆脱的困境。然而，通过调整心态和习惯，我们可以有效地减少内耗，让生活变得更加充实和有意义。以下是四个不内耗的秘诀，帮助你找回内心的平静与力量。

1. 享受过程，乐在其中

面对生活中的各类挑战，我们不应仅仅着眼于结果带来的短暂愉悦，而应学会沉浸于过程之中，享受其中的每一刻。将每一件事都视为探索与学习的契机，用饱满的热情和旺盛的好奇心去接纳它们。即便是最平凡的日常，也能发掘出其中的乐趣与价值。请记住，快乐源自内心，而非外界的赐予。试着转变对待事物的视角，将每次经历都看作是命运的馈赠，这样你就能在生活的每一处发现快乐的源泉。

2. 心存感激，感恩生活

感恩是一种强大的心理状态，它能在逆境中为我们点亮希望之光，在挫折中引领我们找到成长的路径。我们应感激身边人的扶持与帮助，同时也要对那些促使我们成长和锻炼的经历心存感激。将每一次挑战都看作是学习与进步的机会，以感恩的心态去接纳并转化它们。如此，你便能在逆境中保持内心的平静，勇敢地迎接一切挑战。

3. 保持新鲜，拥抱变化

在这个日新月异的时代，保持新鲜感对于我们的成长至关重要。我们应以"初学者的心态"去迎接每一天和每一个新事物，从中汲取新知与经验。不要因为年龄或经验而自满或傲慢，而是要保持谦逊与开放的心态，向年轻人和他人学习。这样，我们就能紧跟时代的步伐，不断适应新的变化与挑战，实现个人的不断成长与精进。

4. 关注健康，整装待发

身心健康是我们追求幸福生活的基石。为了保持最佳状态，我们需要关注饮食、睡眠和运动等方面。找到适合自己的生活方式和节奏，让身体和心理都得到充分的滋养和调整。记住，保养身体和调节情绪是我们自己的责任，没有人能够替我们完成。通过养成良好的习惯，我们可以在不适出现之前防患于未然，确保自己始终保持最佳状态。

实战演练

姚遥曾一度深陷于内耗之中，工作压力与生活琐事交织成的焦虑网让她对所有事物都失去了兴趣。一次偶然的机会，她读到了一篇关于避免内耗的微习惯的文章，这让她下定决心要做出改变。

首先，姚遥开始践行"享受当下"的理念，她尝试着从另一个角度去看待问题。当工作遇到难题时，她将其视为成长和提升自我的契机；对于生活中的琐碎事务，她也努力从中挖掘出乐趣，比如将打扫房间看作是一种放松和减压的方式。

接着，她学会了“心怀感恩”，意识到自己的成就离不开身边人的支持与帮助。她开始感激父母的养育之恩、朋友的陪伴与鼓励以及同事的协作与支持。面对挫折和困难，她也将其视为一种磨砺和锻炼，心态逐渐变得平和而坚韧，拥有了克服一切困难的勇气和决心。

为了维护自己的身心健康，姚遥开始了“全面调整”的生活模式。她注重饮食的营养均衡，选择对身体有益的食物；找到了适合自己的睡眠节奏，坚持早睡早起；还通过散步和轻量运动来保持身体的活力与精神的饱满。

随着时间的推移，姚遥通过坚持这些微习惯，逐渐摆脱了内心的消耗。

总结时刻

微习惯养成，就是每天做点儿小事，这些小事就像小水滴，汇成大海的力量就不可小觑。比如，每天读一页书、写五十个字、做几个俯卧撑，听起来很简单吧，但要是天天坚持，一段时间后，你会发现自己的知识丰富了、写作能力提升了、身体也更强壮了。这就是“小步快跑，持续改变”的力量。别急于求成，慢慢来，让改变在不经意间发生，你会发现，自己已经变得不一样了。

兴趣的能量：把兴趣当作向导，乐在其中

内耗难题

马翰自幼便对绘画抱有极大的热情，父母却认为绘画是旁门左道，总是阻挠他发展这一兴趣。每当马翰沉浸在绘画的天地里，父母就会厉声指责，强迫他将时间投入到学习更“实用”的科目上。马翰无力反抗，只能默默收起画笔，但心中的热爱之火从未熄灭。

长大后，马翰以为终于能自由地追寻自己的梦想了。然而，当他向朋友展示自己的绘画作品时，却换来了朋友们的指指点点。有人说绘画没前途，有人劝他别把时间耗在这种事情上。马翰开始质疑自己，是否真的走错了路。

从那以后，马翰不敢再坦诚地表达自己对绘画的喜爱。他害怕成为别人的笑柄，害怕再次听到那些否定的言论。每次看到画笔和画纸，他心中都充满了纠结与痛苦。他既渴望再次挥洒画笔，又担心会招致更多的批评与嘲笑。这种内耗让他十分心累。

智慧点睛

兴趣，就像是我们的私人向导，引领我们探索未知的世界，让我们在乐趣中学习，在快乐中成长。当我们把兴趣当作生活的一部分，用心去体会其中的美好时，你会发现，原来生活可以如此多彩、有趣。而且，兴趣还能激发我们的创造力和潜能。当你对某件事物充满热爱时，会不自觉地想要去深入了解它，去探索它的奥秘，这种好奇心和求知欲会推动你不断前行，让你在不知不觉中收获满满。

反内耗知识

摆脱内耗的方法

内耗的人可以通过以下步骤把兴趣当作人生向导，改变内耗并在喜欢的事情上找到自我。

要摆脱内耗，找到真正的自我，关键在于发现并追随自己的兴趣。以下是如何通过兴趣引领，逐步改变内耗状态的六步指南：

1. 自我探索与接纳

首先，深入内心，进行一次自我发现之旅。回忆那些让你快乐、全神贯注的时刻，它们往往指向你真正的兴趣所在——无论是童年的涂鸦乐趣，还是阅读时的忘我沉浸，或是对某种乐器的痴迷。勇敢接纳这些兴趣，它们是你独特的财富，追求它们并非自私，而是自我实现的重要途径。

2. 设定小目标

一旦明确了兴趣，不妨为它设定一系列小目标。比如，每周完成一幅画作，或每天撰写几百字。这些小目标能引导你将注意力从无谓的担忧中转移，每达成一个，都是对自己的一次肯定，增强自信，减少内耗。

3. 深入学习与实践

投入时间学习自己感兴趣的知识，无论是通过阅读、上课还是观看教程。这一过程中，你不仅技能会得到提升，还会遇到志同道合的朋友，他们的视角和经历将丰富你的兴趣世界，激发更多热爱。

4. 直面质疑与恐惧

在追求兴趣的路上，外界质疑和自我恐惧在所难免。学会坚定立场，用行动回应质疑，同时，通过积极的自我对话来克服内心的恐惧，如害怕失败或嘲笑。记住，失败是成长的垫脚石，每个人都有试错的权利。

5. 生活融入兴趣

让兴趣成为生活的一部分，无论是周末摄影记录美好，还是为家人烹饪美食。这样的融入，让兴趣更加生动具体，也为日常生活增添乐趣和满足感。

6. 反思与灵活调整

在兴趣之旅中，定期反思自己的体验和进步，是否享受过程，是否有改进空间。根据反思结果调整策略，保持开放心态，迎接新挑战。

通过上述步骤，你可以逐步将兴趣转化为生活的指南针，不仅摆脱内耗，还能在热爱的事物上找到自我，活出更加充实和有意义的人生。

实战演练

林深长久以来一直处于内耗的旋涡中。童年时期，他对写作抱有极大的热情，父母却认为写作没有前途，不断干涉他的这一爱好。林深只能默默收起自己的日记本，将这份热爱深深埋藏。

长大后，林深结识了一些朋友，但每当他提及自己对写作的热爱时，朋友们也总是指指点点，认为写作难以维持生计，纯粹是浪费时间。林深开始怀疑自己，变得越来越不敢坦诚地表达自己的喜好。

这种内耗让林深痛苦万分，他时常陷入自我否定和迷茫之中。直到有一天，他偶然读到了一句话："请把你的兴趣当作人生的指南针。我们的兴趣会成为我们生活中不可或缺的守护者。"这句话如同一道曙光，瞬间照亮了他的内心。

林深决定不再在意他人的看法，勇敢地追寻自己的挚爱。他重新拾起笔，开始记录生活中的点滴感悟和奇思妙想。在从事自己喜欢的事情时，他感受到了前所未有的快乐和满足，对写作的热爱也日益加深。

随着时间的推移，林深终于摆脱了内耗的阴影，找到了真正的自我。他明白，只要坚守自己的兴趣，持续努力，未来还会有更多的惊喜在等待着他。

总结时刻

我们的爱好就像是生活中的坚强后盾，守护着我们前行。把爱好融入人生的信念和原则中，每当遇到难关，爱好就会成为你的开路先锋。有了爱好，你就会乐此不疲地去探索和学习新事物，不断发现未知的精彩。

学会当断则断：敢于取舍，提升你的决断力

内耗难题

薇薇一直是个犹豫不决的人。在生活中，她总是认为拥有得越多越好，无论是物品还是人际关系，她都紧紧抓住，不愿舍弃。

薇薇的家中堆满了各式各样的杂物，其中不乏多年未曾使用过的物品，但她总觉得或许将来会派上用场，于是就一直保留着。

在工作方面，薇薇同样不懂得取舍。她接手了许多任务，哪怕有些任务并非她所擅长或对她的职业发展并无太大助益，她也害怕拒绝后会错失机会。结果，她每天都忙得不可开交，却没有一项任务能够做得出色。

在人际关系上，薇薇也陷入了困境。她有一些朋友，其实关系并不那么紧密，但她觉得多一个朋友就多一份助力，所以一直维持着表面的交往。然而，这些朋友有时会给她带来诸多烦恼，

比如无谓的抱怨、不合理的要求等。薇薇虽然心中不悦，却又难以开口拒绝，只能默默承受。就这样，薇薇在不断累积的生活中越陷越深，内耗也越来越严重。

智慧点睛

人们常常陷入一种思维误区，觉得拥有的东西越多，能选的路就越多，未来的机会也就更多，因此什么都不愿意舍弃，什么都紧紧抓牢。但实际上，真正能帮助我们长远发展的，不是一味地增加和获取，而是懂得在适当的时候做出取舍。能够果断地决定什么要、什么不要，这才是一个人变得强大的起点。

反内耗知识

哪些东西是我们要学会果断舍弃的

在人生的旅途中，我们常常被各种纷繁复杂的事物牵绊，以为拥有得越多，生活就越充实。然而，很多时候，过多的负担反而会阻碍我们前行。学会舍弃，是通往成功与幸福的重要一步。以下是我们应该学会舍弃的三样东西：无效的社交、过重的物欲以及杂乱的目标。

1. 无效的社交

在追求人脉和圈子的过程中，我们很容易陷入盲目社交的误区。然而，真正的情谊和机会并非建立在数量之上，而是源于自身的价值和实力。无效的社交只会浪费我们的时间和精力，让我们在虚情假意的酒桌文化中迷失自我。因此，我们应该学会精简社交，将时间和精力投入真正有价值的人和事上，从而提升自己的内在价值。

2. 过重的物欲

物质虽然可以短暂地填补内心的空虚，但过多的物质追求只会让我们陷入无尽的消费循环中。当物品堆积如山，却无人问津时，我们才会意识到，真正的幸福并非源于物质的堆砌。因此，我们应该学会精选物质，将心神投入真正有意义的事情上，如自我提升、家庭和睦等。只有这样，我们才能在物质与精神之间找到平衡，活出真正的自我。

3. 杂乱的目标

目标过多、过于分散，只会让我们在追求成功的道路上迷失方向。成功并非一蹴而就，而是需要我们在明确的目标下，集中精力、全力以赴。因此，我们应该学会精简目标，将重心放在真正重要的事情上，做到精准发力。只有这样，我们才能在纷繁复杂的世界中，找到属于自己的道路，实现真正的成功。

实战演练

张华曾是个饱受内耗折磨的人。在社交领域，他热衷于参与各类聚会，结果浪费了大量时间却收获寥寥，那些酒桌上的虚情与表面的客套让他感到无比疲惫。在目标规划上，他野心极大，给自己设定了无数目标，结果精力分散，哪个都没能取得实质性的成果。在物质追求方面，他毫无节制，总以为拥有更多的物质就能带来快乐和安心，却发现物质并没有让他满足，反而需要大量的精力去整理和维护。为了改变这种情况，他开始精简自己的社交圈，不再盲目地参加各种聚会，而是精心挑选那些真正值得交往的朋友，将时间和精力投入到深入的交流与共同的成长之中。在目标设定上，他经过深思熟虑，选择了一个最符合自己兴趣与能力的目标，全神贯注地努力，舍弃了那些不切实际的幻想，脚踏实地地向前迈进。对于物质追求，他也学会了克制，不再随意购买那些不必要的物品，懂得了珍惜和利用已有的东西，清理家中的杂物，让生活环境变得简洁而舒适。通过这些行动，张华逐渐摆脱了内耗，不再被繁杂的社交、混乱的目标和沉重的物质欲望所困扰。

总结时刻

敢于取舍，意味着我们要有勇气放弃那些不再重要或对我们无益的事物。这不仅是对自己的一种解脱，还是提升决断力的关键。当我们学会果断地做出决定，不再纠结于过去或担忧未来，就能更加专注于当下，把握生活的主动权。记住，每一次的取舍都是一次成长的机会，它让我们更加清晰地认识自己，明确未来的方向。

心动不如行动：立即行动，不要过度准备

内耗难题

马岩一直梦想在职业上取得辉煌成就，让生活焕发耀眼光彩。然而，每当机遇降临，他却总是止步不前。

有一次，公司内部有个重大项目的负责人选拔。马岩心中跃跃欲试，却又犹豫不决，自认为专业知识尚不牢固，沟通能力也有待提升，最终还是放弃了这次机会。结果，项目被同事成功接手，马岩心中充满了遗憾。

自此之后，马岩仿佛陷入了一个怪圈。每当新机会出现，他总是觉得自己还没有准备好。他想转行，计划先考取相关证书，却又觉得要考证就得有充足的时间学习，而要有时间就得先把手头的事情处理完。就这样，一年、两年过去了，他依然停留在准

备的阶段，转行的计划从未真正付诸实践。

马岩变得越来越焦虑，自我消耗充斥着内心，不断责怪自己优柔寡断，错失良机。他感到人生仿佛陷入了困境，每天都在自我怀疑和懊悔中度过，却始终无法勇敢地迈出那关键的一步。

智慧点睛

很多人常常抱有一种心态：我并不是不愿采取行动，只是感觉尚未做好充分准备，总想等万事俱备后，再迈出那一步。然而，这种做法会带来什么后果呢？结果是白白错过宝贵的时机。一年、两年过去，自己依然停留在“准备阶段”，仿佛永无尽头。很多时候，我们的目标、计划，就是这样满怀激情地制定出来，却又被悄然遗忘在脑后的。

反内耗知识

如何改变状态导向

1981 年，德国心理学家库尔将应对挑战的策略划分为行动导向与状态导向两种。其中，“准备好了再行动”这一状态导向策略，让人长期徘徊于准备阶段，难以迈出实际行动的步伐，最终导致问题转化为压力，对身心健康构成损害。为了摆脱这种状态导向，促进更为果敢的行动，以下策略或许能提供帮助：

1. 强化内在驱动力

内在驱动力源自内心深处，是推动个体前行的核心力量。通过在日常生活中主动抉择，减少对外部意见的依赖，我们可以逐步强化这种内在驱动力。每一次独立的决策及其结果的反馈，都是对大脑的一次磨砺，有助于丰富我们的内在资源，使我们更易于激发并依靠这种内在力量。因此，明确自身的期望，并在面临选择时，以期望为指引做出决策，让内在驱动力成为驱动行动的源泉。

2. 优先解决复杂任务

面对挑战时，我们往往倾向于先处理简单任务，以规避复杂任务带来的压力。然而，这种做法只会让恐惧和压力潜藏，消耗我们的精力。为了打破这一模式，应主动识别并优先解决复杂任务，即使进展缓慢，也能逐步减轻对困难的畏惧，提升应对能力，增强面对未来挑战的自信心。

3. 转变分析视角

状态导向者往往过分聚焦于问题本身，夸大其威胁性，导致恐惧和逃避。为了改变这一思维定式，我们可以转变分析视角，从“我与问题的关联”出发，思考如何影响问题以及可以采取哪些积极措施。这种视角的转变有助于我们更积极地应对挑战，探寻解决方案，而非沉溺于恐惧和逃避之中。

通过实施这些策略，我们可以逐步从状态导向转变为行动导向，更加果决地面对生活中的挑战与机遇。

实战演练

胡洋曾是个深受状态导向影响的人。每当面临问题和挑战，他总是感觉自身状态不佳，非得等到万事俱备才肯行动。这让他虽然人到中年，却一事无成。

后来，胡洋意识到不能再这样沉沦下去。他决定扭转自己的状态导向。首先，他开始强化内在自我。在日常生活中，他不再随意说“随便”“怎样都行”，而是果断地做出决定。

接着，胡洋开始勇敢地挑战困难的事情。面对新任务，他不再先做那些轻松的准备工作，而是直接攻克最棘手的部分。尽管起初进展缓慢，但至少有了实质性的进展，这让他看到了曙光，也减轻了挑战带来的恐惧和压力。

最后，胡洋改变了自己的思考方式。以往他总是从事物本身出发，考虑可能出现的糟糕后果。如今，他转变为思考自己可以如何推动事情的发展，有哪些策略可以帮助自己完成任务。比如对于某个项目，他不再担忧潜在的问题，而是积极思索自己可以采取哪些措施来规避问题或者解决问题。通过这些努力，胡洋逐渐从内耗的困境中摆脱出来。

总结时刻

“心动不如行动。”这句话告诉我们，有时候想太多、准备太久，反而会错失良机。其实，很多时候，开始行动就是最好的准备。不必等到万事俱备，因为真正的成长和进步往往是在实践中获得的。立即行动，哪怕开始时有些笨拙，也能在过程中学习和调整。别让过度的准备成为你前进的绊脚石，勇敢地迈出第一步，你会发现，行动起来，一切自然会水到渠成。

提升反逃避能力：勇敢积极，从根源上解决问题

内耗难题

赵阳刚参加工作不久，按理来说，他正处于干劲十足的年纪，却总是下意识地想要逃避生活中的种种挑战。无论是工作中的繁重任务，还是人际关系中的微妙冲突，赵阳的第一反应总是："算了，躲一躲吧，也许明天就会好起来。"

然而，逃避并没有让赵阳感到轻松，反而让他陷入了深深的内耗之中。每当夜深人静，他的脑海中就会回荡起那些未完成的任务和未解决的矛盾，像是一块块巨石，压得他喘不过气来。赵阳深知，这样的逃避只会让问题越积越多，最终让自己陷入更深的困境。

他也曾尝试过改变，但每当面对困难时，那份逃避的本能又会再次占据上风。赵阳感到无助，仿佛被一张无形的网紧紧束缚，既无法逃脱，也无法前进。

智慧点睛

很多人遇到事情喜欢逃避，面对任务时，总是倾向于选择轻松的任务，却避开那些真正需要费力的难题。结果，虽然他们看起来十分忙碌，但对于实际问题的解决并没有什么帮助。只有建立起有效的反逃避机制，勇敢地面对困难，才能获得真正的成长和进步。通过提升反逃避能力，不断挑战自我，我们能够积累起解决问题的经验，逐步增强自己的能力和信心。这样的过程，不仅让我们变得更加强大，还让我们学会了如何在逆境中寻找机遇，将挑战转化为成长的契机。

反内耗知识

如何提升反逃避能力

面对难题，不同的人会有不同的反应。有些人选择勇敢面对，积极寻求解决方案；而有些人则习惯性地逃避，试图通过忙碌或其他方式来回避问题。但逃避并不能真正解决问题，反而可能让我们陷入更深的困境。因此，提升反逃避能力，学会勇敢面对，是我们每个人都应该追求的目标。

1. 积极转变观念，培养自信心态

提升反逃避能力的第一步，是积极转变我们的观念。在面对困难时，我们要将“我不行”转换成“我可以”，用积极的心态去面对挑战。如果任务比较艰巨，我们可以通过不断给自己正面的心理暗示，逐渐培养起自信的心态，从而更好地面对生活中的难题。

2. 暴露疗法，直面恐惧

暴露疗法作为一种高效的心理干预手段，旨在助力我们正面迎击内心的恐惧与焦虑。该方法通过有计划地逐步置身于那些引发我们紧张或恐慌的情境中，促使我们逐渐适应并最终克服这些负面情绪。比如，有社交恐惧的人，可以主动创造更多与人交流的机会，通过不断的实践，从初次见面的生疏感中逐渐走出，最终达到轻松自在的交流状态。此外，暴露疗法还倡导将看似庞大的困难切割成若干个小目标，逐一攻克。这种做法的好处在于，它能够将原本沉重的压力分散，使得每一步都显得更为可行，从而激发更强的行动力。每完成一个小目标，都是对自信心的一次有力提升，也为后续解决更大的问题奠定了坚实的基础。

3. 不断提升自己

除了改变观念和直面恐惧外，我们还需要通过自我提升来构建强大的内心力量。这包括提升专业技能、拓宽视野、学习榜样的力量以及坚持运动等方面。当我们的专业能力足够强时，内心就会升起笃定感和力量感；当我们的知识面拓宽、精神世界丰富后，就不会局限在当下的负面认知里；当我们从榜样身上汲取力量时，就会激发自己解决困难的决心；而适当的运动则可以让我们保持愉悦的心情和健康的体魄。这些都有助于我们更好地面对生活中的困难和挑战。

实战演练

高晓平每当遇到复杂棘手的任务，或是工作不顺心时，总是下意识地寻找各种理由来逃避，将问题像皮球一样踢给明天。可是这样的逃避行为并没有让他的工作负担减轻，反而随着时间的推移，任务堆积得越来越多，困难也如影随形。

领导看出他的逃避行为，严厉地批评了他一顿："你总是逃避，任务不还是那么多吗？这样下去，你怎么能成长？"

领导的批评如同一记警钟，敲醒了高晓平沉睡的内心。他开始意识到，逃避并不能解决问题，反而会让问题像滚雪球一样越滚越大。他深刻反思了自己的行为，决定改变现状，努力提升自己的反逃避能力。

高晓平首先调整了自己的心态，每天清晨，他都会对着镜子里的自己说："我可以面对，我可以解决。"他开始尝试将那些看似庞大的任务分解成若干个小目标，一步一步地去攻克。同时，他也学会了主动向同事寻求帮助，分享自己的困惑和不安。他惊讶地发现，当自己真诚地敞开心扉时，同事们并没有嘲笑他，反而给予了他无私的支持和鼓励。

慢慢地，高晓平不再那么害怕困难了。他开始主动迎接挑战，享受解决问题带来的成就感。他的工作效率显著提升，心情也变得更加愉悦。

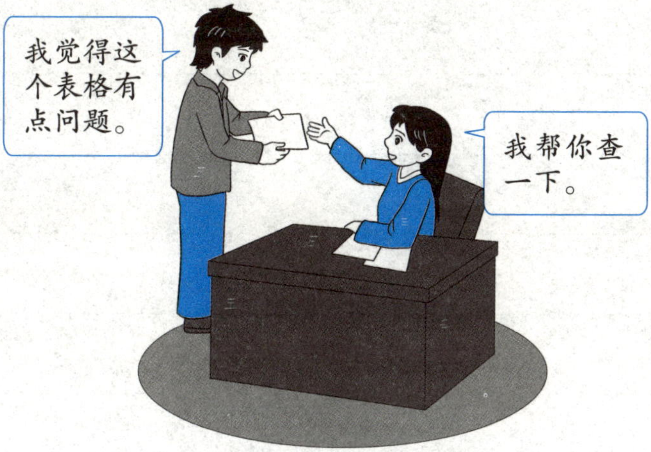

总结时刻

面对困难，逃避只会让问题越积越多。想要摆脱困境，就要学会勇敢积极，提升反逃避能力。遇到问题时，别急着躲开，深呼吸，告诉自己"我能行"。试着从根源上找解决方法，把大问题拆成小目标，一步步搞定。别忘了，求助不是软弱，和他人分享困惑，往往能收获意外的支持和建议。勇敢迈出第一步，你会发现，原来困难并没有那么可怕。积极面对，才能真正成长，让生活变得更轻松更美好。

反内耗心得

读完这一章的内容，你对反内耗有什么感受？请结合自己的情况，把它写下来吧！

第五篇

人际和谐，共筑反内耗的防线

很多时候，人际关系也会让我们感到焦虑，甚至让我们因为不必要的纷争而产生内耗，消耗大量的时间和精力。如果可以维持和谐的人际关系，就能大大减少内耗，让我们活得更加轻松、自在。

缓解社交焦虑：轻松社交，构建和谐关系

内耗难题

张磊是一个性格略显孤僻的人。自学生时代起，他就不擅长社交。每当面临集体活动或与陌生人交流时，他的内心就会涌现出一种难以言喻的紧张。

步入职场后，这种社交焦虑越发加剧。公司频繁举办的团队活动和会议，每次都让张磊感到极大的压力。在活动中，他总是担心自己的表现不尽如人意，生怕说错话或做错事而遭到同事的嘲笑。目睹同事们轻松地交谈、互动，他却只能静静地站在一旁，心中充满了羡慕与自我质疑。

在日常工作中，张磊也因社交焦虑而内耗严重。每当需要与同事合作完成一个项目时，他总是担心自己的意见不被接受，或者给同事带来困扰。他不敢主动与同事交流，总是等待别人来开启对话。结果，很多时候工作进展受阻，他又会陷入深深的自责之中。

智慧点睛

社交确实不简单，任何一个细节出问题，都可能让人心里不舒服。因此，在社交场合感到一点焦虑挺常见的，适度的紧张感有时还能起到积极作用。然而，要是焦虑情绪不断升级，以至于想要逃避或拒绝社交，那就得立刻找找问题的根源，并采取措施应对了。毕竟，社交是生活中不可或缺的一部分，回避它并不能减轻焦虑，反而会让人的心理负担更重。

反内耗知识

如何面对社交焦虑

社交焦虑，如同一张无形的网，让许多人在人际交往中感到被束缚和不安。但请记住，焦虑并不等于失败，也不代表你无法享受社交的乐趣。面对社交焦虑，关键在于理解它、接纳它，并找到适合自己的应对策略。以下，我们将从三个方面探讨如何有效应对社交焦虑，让你在人际交往中重拾自信，享受轻松愉快的交流时光。

1. 正视焦虑，坦诚面对

面对社交焦虑，首要的是要敢于直接面对并认可它的存在。许多人在遭遇社交焦虑之际，往往选择躲避，会寻找各种理由来避开社交情境。然而，这种躲避的行为只会使焦虑感更加严重。恰当的应对方法是，在焦虑情绪出现时，大胆地面对。要认识到焦虑是一种普遍存在的情绪，既不应当觉得羞耻，也不应觉得恐惧。只有正视它，才能找到克服它的方法。

2. 剖析原因，对症下药

社交焦虑的产生往往伴随着特定的诱因。它究竟是源于某个具体事件的短暂性焦虑，还是植根于缺乏掌控感、社交模式僵化，或是过度在意他人观点等更深层次的因素？明确焦虑的根源，是化解这一问题的核心所在。对于那些感到生活难以把握的人而言，重要的是学会接纳生活中总有些事情是无法完全控制的，并据此调整自己的心态与交往模式。如果发现自己的社交模式过于单一，不妨勇于尝试参与多样化的社交活动，观察并借鉴他人的应对策略。而对于那些总是忧虑他人看法的人，则需学会坚持自我，不必过分在意他人的评价。

3. 接纳焦虑，享受社交

对于某些人来说，社交焦虑可能难以完全消除。然而，若能接纳它作为生活的一个组成部分，你依然能够享受正常的社交活动。尝试列出自己感到紧张的事情以及可能带来的后果，并考虑应对方案以预防不良后果的发生。同时，明确表达你的社交期望，并将注意力更多地集中在这些期望上，从而让焦虑情绪退居幕后。请记住，社交的本质在于享受与人交流的乐趣，而非过分关注自身的焦虑。一旦你敢于面对焦虑、接纳它，并积极探索各种方法减轻其影响，你会发现，社交焦虑不再是前行的绊脚石，而是成为你成长旅程中的一股推动力。

实战演练

王璐瑶长期饱受社交焦虑的折磨。每当有社交场合，她不是找借口留在公司加班，就是说自己身体抱恙，以此来逃避与人打交道。但她内心深处明白，这样的逃避只会让焦虑问题越发加剧。

有一天，王璐瑶下定决心要直面自己的困境。在尝试了多种方法后，王璐瑶发现，虽然社交焦虑无法完全根除，但她可以学会与之共存。她开始总结那些让自己感到紧张不安的事情，分析可能出现的结果，并找到应对的策略。例如，她发现自己在初次与人见面时会感到焦虑，但多次交往后，了解了焦虑的源头后，就不再那么紧张了。

王璐瑶还明确了自己的社交目标。每次参加社交活动前，她都会思考一下自己的初衷和期望，将注意力更多地放在这些目标上，而不是过度关注自己的焦虑情绪。

通过这样不懈的努力，王璐瑶逐渐改善了自己的社交焦虑状况，不再陷入自我内耗的泥潭中。她开始享受社交活动带来的乐趣，拥有了轻松愉快的社交氛围。

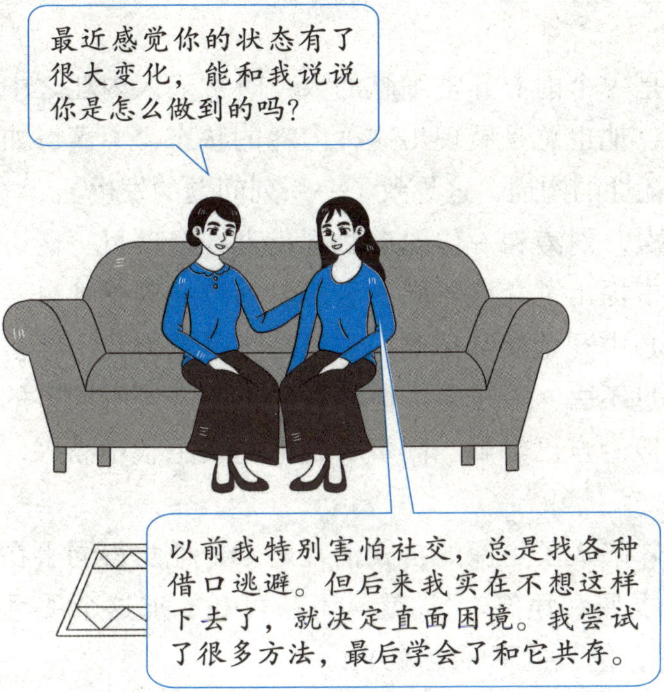

总结时刻

在人际交往里，大家都希望能相处融洽、少些内耗。所谓的“内耗”，很多时候是因为心里焦虑、不安，或者太在意自己的表现，这些不好的情绪会在不知不觉中让我们感到疲惫，还可能影响到和朋友、同事的关系。相反，人际和谐就是通过友好、健康的交流，建立起牢固又让人开心的人际关系，让我们在与人打交道时觉得自在又满意。

非内耗沟通：减少误解，增进理解与支持

内耗难题

刘涛是一个内心异常细腻的人，时常陷入内耗之中。在与人的交流中，他也总是展现出这种内耗的状态，不懂得如何进行有效且非消耗性的沟通，这导致了一系列问题的发生。

有一次，刘涛和一位同事共同负责一个项目。在讨论方案的环节，同事提出了几点不同的看法。刘涛立刻感觉自己的想法被否定了，心中开始胡乱猜测："他是不是觉得我不够格？是不是故意跟我过不去？"于是，他没有静下心来倾听同事的意见，而是急匆匆地为自己辩解。同事听到他的话也很不高兴，觉得他太固执。

刘涛却陷入了更深的自我消耗之中，他觉得同事在指责他，心中更加委屈和愤怒。"你就是不认可我，那这个项目你来负责吧。"说完，他头也不回地离开了。

由于这次沟通的不愉快，两人的关系变得紧张。在后续的工作中，他们互相不配合，项目的进展也因此受到了很大的阻碍。

智慧点睛

真正的高手，在沟通时总是目标明确。他们几乎不会因细枝末节或突发情况而分散对主要任务的注意力，心中始终牢记“要把任务圆满完成”这一宗旨，因此他们在说话时能够层次分明，直击要害。沟通的真谛在于说话有针对性，即根据既定目标选择最高效的表达方式。

反内耗知识

如何学会带着目的说话

在人际交往中，沟通是不可或缺的一环。而学会带着目的说话，则是高效沟通的关键所在。它不仅能帮助我们避免许多不必要的误会和冲突，还能让我们在交流中更加从容自信，实现真正的双赢。

1. 明确目的，提升沟通效率

带着目的说话，是指我们在交流之前就已经清晰界定了想要实现的目标。这样的交流方式更加具有针对性，能够有效防止被无关紧要的细节或突发状况所牵绊。即便情绪高涨，我们也能保持冷静，选择最为有效的表达手段。此外，清晰的目标还能帮助我们更准确地权衡情感、尊严、事实与氛围之间的优先级，确保沟通流畅无阻。

2. 保持清醒，深化思考理解

在带着目的的说话过程中，我们必须时刻保持头脑的清醒与逻辑的条理清晰。在倾听他人的观点时，通过结合说话者的角度及预期的听众，我们能够更深入地剖析这些观点，避免陷入极端思维。这样的交流方式不仅有助于我们深化对对方的理解，还能促进我们在互动中持续成长与提升。同时，它也有助于我们降低情绪与冲动所带来的负面影响，从而维护更加和谐稳固的人际关系。

3. 反思目标，减少迷茫内耗

无论是在职场环境中还是在日常生活中，清晰的目标都是达成高效沟通的首要条件。审视我们与亲朋好友、上司同事沟通时的目标与策略，有助于减少我们的困惑与内部消耗。一个人若说话缺乏明确目标，显得漫无目的，这往往揭示出他内心的迷茫与缺乏自我反思。因此，学会以目的为导向进行沟通，不仅是为了即刻实现沟通任务，还是为了使我们的生活更加明确且富有意义。

实战演练

安宁曾经是一个深受内耗困扰的人。在职场上，她的话语缺乏明确的目的性，发言时常偏离主题，导致同事们的误解，同时也让自己陷入了深深的自我怀疑之中。生活中，她与家人的沟通也充满了矛盾，与丈夫商量事情时总是含糊其词，正话反说，比如希望丈夫帮忙分担家务，却只是抱怨暗示，两人因此频繁争吵。

她觉得这样的日子太过痛苦，下定决心要改变自己的沟通方式。在职场上，她开始明确自己说话的目的。每次发言前，她都会整理思路，确定重点。再次参与项目讨论时，她能够简洁明了地阐述方案，包括结论、依据和具体措施。同事们因此能够迅速理解她的想法，并给予积极的反馈，项目的进展也因此变得更加顺利。

在生活中，安宁也学会了正确的沟通方式。在提出要求时，她会直接说出自己的诉求，不再绕弯子。通过非内耗沟通，安宁成功地改变了自己的内耗状态，减少了沟通中的误解，提升了沟通效果。她的工作变得更加顺利，生活也变得更加幸福。她意识到，说话带有目的性并不是有心计，而是一种更加高效、更加成熟的沟通方式。

总结时刻

沟通虽不一定能彻底颠覆现状，却能重塑局面。即便某次沟通未能尽如人意，也能从中汲取教训，为日后的交流铺路，避免让自己沉溺于无尽的自我责备与懊悔之中。总而言之，在沟通的舞台上，即便无法成为主导一切的主角，也要力争成为推动事态发展的关键人物。出色的沟通能力，其价值难以估量。

多关照自我：停下来，取悦他人不如取悦自己

内耗难题

商蓉一直是众人眼中的“老好人”。她总是习惯性地取悦他人，对周围的人体贴入微，内心深处极度渴望获得外界的认可。不管是在工作还是生活中，她都不会拒绝别人提出的请求。她就像一个永不停歇的陀螺，被取悦他人的“鞭子”驱赶着无法停歇。她每日忙碌不已，却不清楚自己究竟在为何而忙。她似乎永远在追寻外界的认可，而昨日收获的喜爱在今日便仿佛烟消云散，一切又得从头开始。

随着时间的流逝，商蓉越发感到疲惫不堪。她付出了大量的时间和精力，却发现自己难以收获真正渴望的情谊。有时，她甚至能听到一些人在背后评价她“圆滑世故”，这让她感到万分沮丧。

在一个宁静的清晨，当阳光洒落在商蓉身上时，她突然反

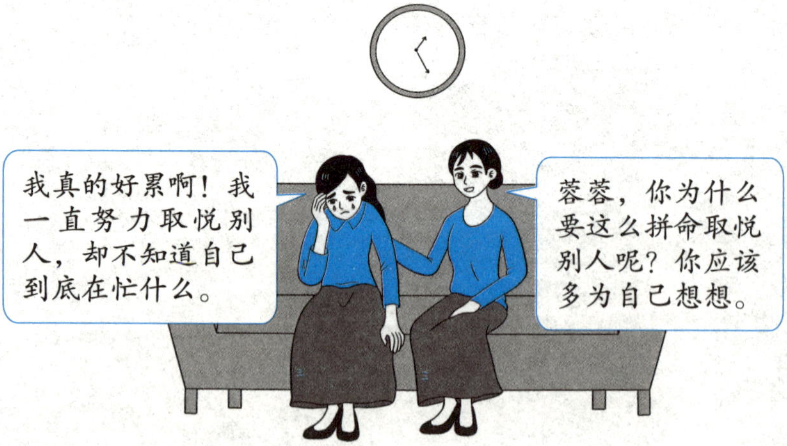

问自己：“我究竟是谁？这一切究竟是为了什么？”她陷入了深深的迷茫与内耗之中，不知该如何摆脱这个取悦他人的恶性循环。

智慧点睛

取悦他人，其实是一场代价高昂的内耗。那些习惯于取悦别人的人，往往非常忙碌，他们忙着揣测别人的心思，忙着决定先照顾谁的感受，忙着忐忑不安地等别人夸奖，还忙着担心自己做得不够好会被人嫌弃。在这个过程中，取悦者不仅浪费了时间，还耗尽了心力，虽然表面上一直在对别人好，却很难得到真正想要的友情。

反内耗知识

取悦有哪些类型

取悦他人，这一行为背后往往隐藏着复杂的心理动因。美国知名心理医生、畅销书作家哈丽雅特·布莱克在其著作《取悦症：不懂拒绝的老好人》中，深刻剖析了取悦行为的三种主要类型：认知型、习惯型和情感逃避型。

第一类：认知型取悦

认知型取悦者深受“我需要并争取让每一个人都喜欢我”的思维定式所困扰。他们深信自己必须成为好人，不能自私自利，因此总是把别人的需求看得比自己的需求更重要。这种思维方式在评估自尊和塑造自我认同方面起着关键作用。然而，他们常常忽略了这样一个真相：做好人并不意味着要迎合所有人的需求。维护自己的权益与自私行为是截然不同的。对于认知型的取悦者来说，学会区分这两者至关重要。为了满足别人的需求而牺牲自己，并非真正的善行，而是一种自我牺牲的伤害。

第二类：习惯型取悦

习惯型取悦者则将取悦视为一种自我强迫的行为模式，甚至成瘾。取悦他人对他们而言似乎成了一种天性，他们已记不清取悦他人的行为始于何时，更难以确定自己何时未曾扮演过取悦者的角色。在他们看来，获得他人的认可至关重要，几乎如同呼吸氧气一般不可或缺。然而，他们必须认识到，没有人能够永远赢得他人的认可。人的价值与行为是两个不同的范畴，需要学会将二者区分开来。唯有如此，才能减轻对偶尔遭遇的批评与指责的忧虑。毕竟，每个人都会犯错，这是无法避免的事实。

第三类：情感逃避型取悦

情感逃避型取悦者则通过取悦行为来逃避令人不安的情感。对他们来说，仅仅是预见到可能与他人产生冲突，就足以引发深刻的焦虑感。因此，他们采用取悦他人作为一种自我保护的策略，试图通过让对方满意来规避愤怒、冲突和对抗的局面。然而，这种逃避的方式只是权宜之计，无法从根本上解决问题。对于情感逃避型的取悦者来说，掌握面对和解决冲突的能力才是核心所在。尽管通过取悦来避免冲突能在短期内带来好处，但从长远视角来看，这些好处远远不及学会表达愤怒情绪和管理冲突的技巧所带来的益处。这些技巧将使他们的人际关系更加和谐、更加健康。

实战演练

刘洁一贯是个典型的取悦者，她常常为了满足同事的需求而加班到深夜，即便自己已经疲惫至极。在生活中，她也总是顺着朋友的意愿，不敢袒露自己的真实心声。然而，随着时光的流逝，刘洁越发感受到内心的巨大消耗。她发现，尽管自己付出了诸多努力，却并未收获真正的幸福与满足。于是，她下定决心要改变自己。

首先，刘洁在职场上开始学会拒绝一些不合理的要求。当同事再次请她协助完成额外的工作时，她鼓起勇气说道：“我现在的工作任务也很繁重，可能无法帮你分担这个。”虽然说出这句话时她心里有些忐忑，但她也发现同事并没有因此而疏远她。

在生活中，刘洁也开始表达自己的真实喜好。朋友聚会讨论游玩地点时，她不再一味地顺从，而是说出了自己心仪的地方。起初她担心会引起朋友的不满，但朋友们反而觉得她变得更加有主见了。

刘洁渐渐领悟到，她无须通过取悦他人来获得认可。她开始关注自己的需求，做一些令自己开心的事情。随着时间的推移，刘洁不再是那个一味取悦他人的人。她学会了取悦自己，也逐渐减少了内耗。

总结时刻

取悦他人，可能是最让人心力交瘁的事情，它不仅让我们浪费了大量宝贵时间，还在心里上演了一出又一出的独角戏。在我们本该提升自己、追求热爱的年纪，却选择了沉浸在苦闷中，遗失了原本可以找寻到的真实自我。无论从哪个角度看，这都是不值得的。如果非要取悦谁，那请先取悦自己吧。

培养“翻篇力”：剔除内耗点，学会快速翻篇

内耗难题

陈晨是一个内耗严重的人。他总是觉得自己在任何方面都比不上别人，做任何事情都害怕犯错。同时，他异常敏感，别人的一个眼神或一句话都能让他长时间地琢磨，过度关注自我使他频繁陷入自我质疑的旋涡。

他极其在意他人的观点，在做出任何决定之前，脑海中仿佛有两个小人在进行激烈地辩论。例如，在选择上班穿的衣服时，他会长时间地纠结，担心这件衣服太俗气，那件又不合适，害怕同事们会嘲笑他。一旦有人对他的穿着稍有不满，他就会一整天都沉浸在沮丧的情绪中。

陈晨还很容易被周围人的情绪所左右，同事心情不好，他也会跟着情绪低落，仿佛自己犯了什么错误。他难以忍受别人的缺点，看到同事在工作中犯的一点小错误，就会在心里暗自抱怨，对这也看不惯，对那也看不惯。就这样，他一直深陷于内心的消耗之中，无法自拔，生活也因此变得越来越疲惫和乏味。

智慧点睛

那些内耗低的人拥有一种“翻篇”的能力，他们能够迅速处理掉不愉快的情绪，不让这些情绪升级。他们在犯错后会吸取教训，并且能够从中获得更广泛的经验；即使和人吵了架，他们也不会翻旧账，不会让气恼过夜。当遇到不愉快、不顺心的事情时，他们的“翻篇”的能力越强，内心的消耗就会越少。

反内耗知识

如何培养“翻篇力”

培养“翻篇力”，即快速摆脱内心困扰、向前看的能力，既源于某些人的天生特质，如乐观性格、不斤斤计较的心态以及较强的钝感力，也能通过后天的努力习得，即使曾深陷内耗的泥潭，也能迅速察觉、行动并翻篇。

1. 敏锐自查

当你既没有过度消耗体力，也没有过度消耗脑力，却有一种难以言喻的疲惫感，这种“心灵上的疲倦”便是内在消耗的信号。如果这种持续的疲惫感得不到缓解，你应该立即采取措施，不应任由其发展，以免小小的消耗逐渐累积成巨大的负担。要牢记，内在的消耗最终会在身体上显现出来，长期的内在消耗会对健康造成不良影响。

2. 果断行动

最有效的应对策略是采取与内心消耗相反的举措，并反思与之相反的观念。例如，若你以往总是聚焦于自己的不足，认为他人也在挑剔你，将一切不如意简单归因于“我不够好”，那么为了摆脱低自尊与高敏感性的困扰，采取截然相反的行动会更为有力。比如，通过持续的自我提升来建立自信，这比单纯指责他人或自我安慰要更为有效。同样地，针对其他内心消耗的问题，也存在相应的“反向策略”。对于“过度自我关注”的情况，可以通过更多地关注外部世界，如了解他人的故事、科技的进步、宇宙的奥秘，来拓宽视野，自然而然地减轻对小事的过度纠缠。对于“过分在意他人评价”的问题，可以尝试减少对他人看法的重视，更多地倾听内心的声音。当你意识到那些你曾经非常在意的人其实并未过多关注你的感受，而你开始不再受他们意见左右时，你会更加专注于事物的核心，反而能赢得他人的尊重。对于“易受他人情绪影响”的问题，可以通过培养钝感力或明确个人界限来应对。

3. 快速翻篇

一旦意识到内耗的存在，关键在于迅速采取行动。你需要具备敏锐的洞察力，去准确识别并深入对比正面与反面状态之间的细微差别。通过这一过程，你能够找到一个最适合自己当前情况的平衡点。找到平衡点之后，至关重要的是学会快速翻篇，不让过去的内耗继续困扰你。

实战演练

晓舟曾是一个深受内耗困扰的人。他性格敏感细腻，常常因他人的一句话就陷入深深的自我怀疑之中，过度的自我关注使他总是思考多于行动。他极其在意别人的看法，做决定时常常犹豫不决，脑海中仿佛有两个声音在激烈地争论。

有一段时间，晓舟感到异常疲惫，即便没有进行重体力或高强度的脑力活动，也依然觉得筋疲力尽。他开始愁眉不展，眼神失去了光彩，连打扮自己都失去了兴趣，食欲和睡眠质量也大打折扣。这时，他意识到自己可能正处于严重的内耗状态。

晓舟决定做出改变，他首先学会了迅速察觉自己的问题。他开始密切关注自己的身体和情绪变化，及时拉响警报，不再任由内耗继续发展。接着，他果断采取行动。他不再总是盯着自己的“不足”，而是开始积极列举自己的优点。他还努力提升自己的钝感力，与他人设定清晰的界限，不再轻易地被他人的情绪所影响。

经过一段时间的努力，晓舟逐渐找到了内心的平衡。他学会了迅速翻篇，不再纠结于过去的错误和痛苦。他明白人生就像一本书，即使过去的一页充满了痛苦和挫折，但新的一页仍然等待着他去书写和创造。

总结时刻

培养“翻篇力”，就是学会放下过去，不让内心的纠结和消耗拖住你的脚步。生活中，我们难免会遇到不如意的事，但一直想着它们，只会让自己更累。要剔除这些内耗点，就要学会快速翻篇。别总盯着自己的不足和别人的看法不放，多看看生活中的美好和进步。遇到不开心的事，就告诉自己，这只是过去，未来还有更多可能。别让过去的阴霾遮住你的阳光，学会放下，才能轻松前行。培养“翻篇力”，让生活更加轻松愉快！

戒掉内心戏：别压抑，拯救爱演内心戏的你

内耗难题

张龙在一家企业工作，常感到异常疲惫，尽管工作任务并不繁重，但每天结束时他总是精疲力竭。

一次会议上，上司询问他对项目的看法，张龙立刻紧张起来，内心戏不断上演。他担心自己的回答无法让上司满意，于是对每个用词都反复推敲，说话时显得小心翼翼。会议结束后，他仍在不断回想自己的回答，纠结是否有不当之处，一整天都沉浸在这种焦虑中。

与同事相处时，张龙也常遇到类似情况。某天，几位同事在聊天时无意间开了他的玩笑。张龙心中顿时涌起委屈和愤怒，想反击却又担心破坏自己的形象。于是，他将这些情绪压抑在心底，脑海中不断模拟各种回应场景，时而觉得应该强硬回击，时而又觉得还是忍让为好，内心的矛盾让他倍感疲惫。

就这样，张龙在各种人际交往中不断被内心戏消耗着精力。

智慧点睛

很多人之所以觉得累，是因为心里想得太多太复杂。他们心里藏着好多想说的话和想做的事，但因为找不到合适的方式说出来或做出来，这些想法和愿望就变成了“内心戏”。而这些“内心戏”其实就是被压抑的情绪。这些情绪在心里越积越多，最后反而会让自己更受伤。

反内耗知识

如何拯救爱演内心戏的自己

内心的小剧场总是热闹非凡，却让我们疲惫不堪。想要摆脱这种困境，关键在于学会信任——信任自己，也信任别人。以下三个小建议，帮你走出内心戏的旋涡。

1. 信任自己的感受

感受是内心最真挚且不会说谎的反馈。当你体验到不安、焦虑或恐惧时，这往往意味着某些事情已经触动了你的情感深处。面对这样的感受，不要质疑自己，而是要勇敢地将其表达出来。例如，你可以说：“您这样说让我感到有些不适。”这样的表达方式不仅体现了你对自己的尊重，同时也为双方提供了沟通的桥梁，共同探索能让彼此都感到舒适的解决方案。

2. 信任自己所做的事

他人如何看待你，其实更多地映射出他们自身的价值观与期望，而非你真正的价值所在。因此，你无须为了迎合他人的期待而勉强自己去做违心之事。在这个纷繁复杂的世界中，保持自我，坚守内心的信念与追求，显得尤为重要。记住，要始终相信自己正在做的事情，相信自己的选择与判断。

3. 信任别人的处理能力

很多时候，我们之所以会深陷内心纷扰的旋涡，往往源于对他人感受的过度担忧，生怕自己的言行举止会让对方感到不适。然而，真正的信任建立在相信他人同样具备处理负面情绪的能力之上。如果对方真的因为某些事情而感到不舒服，他自然会以适合自己的方式将其表达出来，而不是让你一直承受那份未曾言说的情绪重压。因此，我们应当学会放下那份不必要的忧虑，给予对方足够的信任与空间，相信他们能够妥善处理好自己的情绪，从而让我们自己也能从内心的枷锁中解脱出来。

实战演练

温馨是个内心戏十分丰富的人。她总是将他人的情绪负担扛在自己肩上，在办公室里时刻留意同事的情绪，生怕自己做错了什么；在与朋友相处时，她担心拒绝会伤害感情，于是常常勉强自己去满足朋友的要求，这让她疲惫不堪。

直到有一天，温馨听到了关于如何拯救那些内心戏过多的人的建议，她决定迈出改变的步伐。

她开始尝试信任自己。她不再为了迎合他人的期望而勉强自己，而是学会了安心地做自己。她也开始信任自己的感受。有一次，同事说的话让她感到不舒服，她鼓起勇气表达了自己的感受。同事在惊讶之后向她道歉并解释了本意。这次沟通让她意识到，表达感受并不会伤害他人，反而能够促进彼此之间的理解。

温馨也开始信任他人。她不再把所有人都想象成“易碎品”，而是相信他们有能力处理自己的负面情绪。当朋友提出不合理的要求时，她委婉地拒绝并表达了自己的困难，朋友虽然有些失望，但也表示了理解。

通过这些努力，温馨逐渐摆脱了内心的纠葛，减少了内耗。她变得更加自信和开朗，人际关系也变得更加健康和真实。

总结时刻

内心戏太多，只是因为压抑了自己的真实。学会信任自己，别总为迎合他人而勉强自己；勇敢表达感受，它不会伤人，只会促进理解。同时，也要相信别人能处理情绪，不必独自背负所有。放下那些不必要的担忧，让内心回归宁静。戒掉内心戏，就是释放真实的自我，享受生活的每一刻。你会发现，原来生活可以如此简单快乐。

君子和而不同：尊重他人命运，不要太过较真

内耗难题

周晨是个性格内向的人，他总是在意别人的看法，与人相处时总是小心翼翼，生怕哪里做得不对。

有一天，他和朋友小张因为一件小事产生了分歧。周晨觉得小张的做法不太妥当，但他没有直接说出来，而是自己在心里反复琢磨，想着如何委婉地提醒小张。他一会儿觉得这样说太直接了，会伤了和气；一会儿又觉得那样说太委婉了，小张可能听不出来。

就这样，周晨一整天都沉浸在这个小分歧中，无法自拔。他吃饭在想，走路在想，甚至睡觉都在想。他的内心充满了矛盾和挣扎，既想维护和小张的友谊，又担心自己的沉默会让小张觉得他不重视这件事。

其实，小张早就忘记了这件小事，他一直在忙于自己的工作

和生活。而周晨却因为这件小事陷入了内耗之中，消耗了大量的精力和时间。

智慧点睛

真正有修养的人，能与大家和谐相处，但同时又保持着自己的独特见解和个性，不盲目附和。这就像我们平时和人相处，要尊重对方，但也没必要在所有事情上都争个对错、分个高下。有时候太过较真，反而会伤了和气，让人际关系变得紧张。所以，我们要学会“君子和而不同”，尊重别人的不同，也坚持自己的独特。

反内耗知识

如何进行自我调节，不要太较真

在纷繁复杂的世界中，我们常常不得不面对各种挑战和困扰。然而，真正的智慧在于如何自我调节，不被外界的风浪所动摇。记住，太较真只会让我们的生活更加狭隘和沉重，学会放下，才能拥有更广阔的天空。

1. 学会放下，别让烦恼纠缠

在人生的旅途中，我们难免会碰到一些不愉快的人和事，它们如同风一般，有时会搅扰得我们心神不宁。但请铭记于心，倘若你过分在意他人的看法，那些刺耳的话语、令人不悦的人和事就会像藤蔓一样紧紧缠绕着你，使你窒息。学会释怀，将自己视为虚无，如此一来，便没有任何人、任何事能够伤害到你。一旦事情发生并过去，就不要一再回想，使自己沉溺于无边的烦恼之中。

2. 求同存异，珍惜和谐

“君子和而不同”，真正的和谐并不是盲目追随，而是建立在尊重差异的基础之上，同时坚守个人的独特见解。在家庭中，争吵与冷战常常起因于理解和包容的缺失。我们应当清楚自己的核心需求是什么，以及与他人之间的界限，唯有如此，才能实现求大同存小异，从而避免不必要的争执。记住，改变一个人的想法实属不易，但我们能够选择接纳并珍视现有的和谐状态，不让自己的心境被消极情绪所掌控。

3. 专注自我，掌控能掌控的

与其将时间耗费在争论上，不如致力于个人的成长与发展。对自己的情绪负责，努力让自己的生活更加舒心。虽然我们无法主宰外界的一切，但我们可以管理自己的情绪与行为。学会做出选择，而非试图改变无法改变之事。面对困扰时，思考未来的应对策略，而非沉溺于过往的痛苦之中。要记得，那些能够迅速洞察事物本质的人，与那些终其一生都无法看清真相的人，注定会拥有迥然不同的人生轨迹。

实战演练

李欣曾是一位深陷内心纠葛的人。在人际交往中，她未能明确区分个人与他人的责任界限，总是过度地同情别人，这让她感觉时间被白白浪费，身心俱疲。于是，她开始反思自己的行为模式。她意识到，自己不能再盲目地同情他人，要学会区分个人与他人的责任，不应背负他人的命运。她也明白了，不能过分在意他人的看法，要学会将自己视为空谷，不让那些刺耳的话语和令人不悦的人伤害到自己。

在职场上，李欣不再轻易地为他人承担责任，而是鼓励同事自己解决问题，学会了选择而非改变他人。面对意见不合时，她不再争论不休，而是思考如何应对接下来的情况。在日常生活中，李欣调整了心态，面对反对意见时不再自我怀疑，坚持自己的观点，同时也尊重他人的看法。她学会了放下对自己的苛责和攻击，选择珍藏那些温暖和感动的瞬间。

经过这些努力，李欣逐渐摆脱了内耗。她终于明白，要为自己的情绪负责，掌控自己能够掌控的，接纳那些无法掌控的，这样才能拥有截然不同的人生。

总结时刻

每个人都有自己的路要走，有自己的选择要做。我们不必为别人的选择而争执不休，更不必为别人的错误而自责不已。学会放下，学会包容，让自己的心更加宽广。尊重他人，也是尊重自己。别太较真，生活才会更加轻松自在。就像大海包容百川，君子也应包容万物，和谐共处。

杜绝恋爱冷暴力：热恋有度，平稳度过冷淡期

内耗难题

孙亮和小如曾是高中同学，在大学期间确定了恋爱关系。他们热恋时，如影随形，无话不谈，每一天都充满了甜蜜和幸福。

然而，随着时间的推移，热情逐渐退去，孙亮开始变得冷淡。他不再主动联系小如，即使小如发来信息，他也只是简单地回复几句，甚至开始找借口避开她。

小如感受到了孙亮的变化，心中充满了困惑和不安。她不明白，为什么曾经那么亲密的两个人，如今却变得如此疏远。她鼓起勇气，问孙亮到底怎么了。孙亮沉默了一会儿，坦言自己也不知道为什么，就是突然对这段感情失去了热情。

小如听后，心中五味杂陈。她明白，恋爱中的冷淡期是难免的，但关键在于双方如何去面对和克服。她决定和孙亮好好沟通，一起努力找回曾经的那份热情和亲密。

智慧点睛

在伴侣交往中，人们时常会有想要“独处片刻”的念头，这反映了关系进展的自然规律。起初，双方热切追求亲密无间，共同构建安全感。然而，随着彼此隐私的逐渐暴露，安全感反而有所削弱，进而产生了对独立空间的需求。如何在亲密与独立之间找到平衡是个难题，过于独立可能引发分离焦虑，而过度依赖又难以满足个人需求。负面情绪的累积往往导致冲突升级，为了避免这一局面，人们会选择“暂时独处”。同时，占有情结也是负面情绪的一个关键诱因。伴侣间深入的隐私交流加剧了不安全感，促使潜意识中追求一致性，占有欲增强，给对方带来压力。长此以往，伴侣关系容易陷入困境。理解这些心理动态，有助于我们更有效地应对伴侣关系中的种种挑战。

反内耗知识

如何平稳度过冷淡期

冷淡期是许多伴侣都会面临的一个阶段。当激情和新鲜感逐渐退去，人们往往会感到厌倦、无趣，甚至想要回避之前的亲密，渴望拥有一些私人空间。面对这种情况，如何平稳度过冷淡期，成为许多伴侣需要共同面对的挑战。

1. 保持理解与尊重

当恋人表达想要独处或希望减少相聚的时间时，首要之举是展现出理解和尊重。毕竟，每个人都有自己的步调和需求，因此，不必急于追问原因，而应平和地告知对方，你理解他的感受，并愿意提供所需的独处时光和空间。

2. 保持适度沟通与约会

冷淡期并不意味着完全断开联系，适度的沟通与约会依然至关重要。你可以通过表达关心、问候以及进行日常交流来维持联系。同时，虽然见面次数可能减少，但每次约会都应注重质量，避免流于形式。通过这些沟通与约会，向对方展示你能够适应当前的独处状态，同时强调你们的关系依旧稳固且充满意义。

3. 给予对方调整的时间和空间

在冷淡期，伴侣可能需要一段时期来重新自我探索、审视双方关系，或是调整生活的节奏。这时，他可能会暂时恢复到单身时的生活方式。这样的回归能让其认识到，即便是在热恋之中，保留个人的时间和空间也至关重要。因此，我们应避免过度干预或忧虑，而是应慷慨地给予对方所需的自由与空间。

4. 自己也要不断成长

在冷淡期，你也可以将这段独处的时间用于自我反省与成长。不妨深入思考那些热恋时可能被忽略的问题，比如双方相处时的细节、对伴侣的合理期望等。同时，积极参与各类社交活动，发掘并培养自己的兴趣爱好，确保生活充实而有意义。记住，维持好自己的生活节奏与独立性至关重要，这不仅有助于提升个人自信，也能在关系中保持更加健康与平衡的状态。

实战演练

吴刚和美含已经恋爱了两年多了，随着热恋的激情逐渐退去，吴刚开始感受到了前所未有的疲惫与迷茫。

他开始找借口避开美含，不再像从前那样主动联系她，甚至对约会也显得心不在焉。美含察觉到了吴刚的变化，心中充满了困惑与不安。不过她没有选择争吵或质问，而是决定坐下来与他好好谈一谈。她告诉吴刚，她理解每个人都会有疲惫和迷茫的时候，但她不希望他们的关系因此而疏远。她希望两人能够共同面对这个阶段，找到解决问题的方法。吴刚被美含的真诚所打动，他坦诚地告诉美含，自己确实在热恋过后感到了一些迷茫和疲惫，但他从未想过要放弃这段感情。他愿意与美含一起努力，平稳度过这个冷淡期。

于是，两人开始尝试改变。他们减少了频繁的约会，转而更加注重彼此的个人空间与成长。吴刚开始投身于自己热爱的摄影事业，而美含则专注于她的设计工作。他们偶尔还是会见面，但每次都会精心准备，让约会变得更加有意义。

在这个过程中，他们学会了更加深入地沟通，分享彼此的想法与感受。他们也逐渐意识到，即使热恋的激情退去，他们之间的爱与默契依然深厚。

总结时刻

热恋过后，伴侣间常会遇到冷淡期，这时一方可能变得冷淡，甚至逃避。面对这种情况，别急着指责，要冷静沟通。理解对方的需求，给予彼此空间，同时不忘关心与问候。偶尔的约会要精心准备，让爱情保鲜。记住，热恋有度，平稳过渡是关键。别用冷暴力伤害对方，共同努力，让爱情在平淡中更加坚固。相互理解与支持，才能携手走过每一个阶段。

反内耗心得

读完这一章的内容，你对反内耗有什么感受？请结合自己的情况，把它写下来吧！

第六篇

心灵滋养，持续成长的源泉

心灵就像一片田地，需要不断滋养才能茁壮成长。我们要不断学习新知识，开阔眼界，让心灵得到丰富。同时，要学会放下过去的烦恼和纠结，不让它们消耗我们的精力，这就是远离内耗。把每一次经历都当作成长的机会，无论是成功还是失败，都能从中汲取力量。保持积极的心态，面对生活中的挑战和困难，相信自己能够不断成长和进步。

学会自我关怀：照顾好自己，别把自己逼得太紧

内耗难题

王阳一直以来都是大家眼中的“老好人”。他总是把大部分精力都花在照顾他人身上，却从未真正照顾过自己。

在工作中，他总是第一个到岗，最后一个离开。即使身体已经疲惫不堪，他也告诉自己必须先完成工作才能休息。他不断地给自己设定目标，仿佛只有不断工作才能证明自己的价值。每次想要停下来休息片刻时，他就会想起还有那么多任务没完成，未来会有更多的工作等着他，于是又强打精神继续忙碌。

终于，在一次连续加班几天后，他感到身心俱疲。他决定让自己稍作停歇，可这时，那个被压抑许久的内在小孩开始在情感上变得贪婪。他疯狂购物，冲动消费，在睡觉前喝了好几杯酒，试图通过这些方式来弥补自己长久以来的缺失。但在放纵过后，他并没有感到满足，反而陷入了更深的自责和内耗之中。

智慧点睛

你有没有想过，自己也需要被照顾呢？你的情绪好不好，要先得看你怎么对待自己。你的想法和怎么看自己，是心理健不健康的关键。想要在生活中找到快乐，最先要关心的就是，你有没有好好照顾自己。

反内耗知识

如何进行自我关怀

在忙碌的生活中，我们常常忽视了对自我的关怀，往往将时间和精力都投入工作、家庭和其他事务中。然而，真正的自我关怀是至关重要的，它能帮助我们恢复精力，提升生活质量。以下是一些关于如何进行自我关怀的建议：

1. 认识自我关怀的重要性

自我关怀并不等同于自私或放任自我，而是一种对自身身心健康负责的表现。当我们忽略了自己的需求，常常会感到极度疲惫，甚至可能落入放纵的旋涡。因此，我们必须认识到自我关怀的必要性，并将其融入日常生活之中。通过持续地进行自我关怀，我们能够更有效地照料自己，从而提高整体的生活幸福感。

2. 实践有效的自我关怀方式

有效的自我关怀并不一定需要复杂的活动或练习。有时候，仅仅是暂时放下手头的工作，随心所欲地放松一下，享受片刻的宁静，就是一种极佳的自我关怀方式。另外，我们也可以尝试一些简单的活动，比如散步、聆听音乐、阅读等，这些都能帮助我们舒缓身心，重新与自身的感官和身体产生联系。要记得，自我关怀的核心在于真心实意地关注自己当下的感受，并与自己的内心世界重新建立联系。

3. 平衡工作与休息

在繁忙的工作中，我们常常容易忽略休息的必要性。然而，工作与娱乐的交替进行对于维持充沛的精力至关重要。我们需要在工作过程中寻找合适的时机进行休息，以便给自己放松和复原的机会。这不仅能够提升我们的工作效率，还有助于我们维护身心健康。所以，不要总是苛求自己，当感觉疲劳时，不妨停下来休息片刻，给自己一些关爱与呵护。

实战演练

刘飞曾经是一个把自己逼得很紧的人，完全不懂得自我关怀。他整天埋头工作，从不知休闲为何物，认为只有不停地忙碌才能实现自己的价值。

然而，随着时间的推移，他逐渐感到身心疲惫，内耗严重。一次生病的时候，他意识到自己不该这样。于是，他开始留意身边那些懂得自我关怀的人。他了解到硅谷的许多公司为员工提供各种休闲设施，让员工在工作之余能够放松身心。他开始思考，也许自己也需要做出一些改变。

有一天，在连续工作了几个小时后，他感到异常疲惫。以往他会强撑着继续工作，但这次，他决定听从内心的声音，休息一下。他放下手中的工作，走到窗边，静静地看着窗外的风景。那一刻，他什么也没做，只是漫无目的地待着，脱离了高速运转的生活。

这种待机状态让他感到一种久违的轻松。他开始重新与自己的感官和身体建立联结，感受着微风拂面的温柔，聆听着鸟儿清脆的叫声。他发现，当自己不再超速驾驶，让发动机歇一歇时，竟然充满了活力。

总结时刻

生活中，我们时常为了工作、家庭忙碌，却忘了给自己留点喘息的空间。其实，适当的放松和休息，就像给身体充电一样重要。别总觉得自己必须时刻保持最佳状态，偶尔的偷懒和放慢脚步，也是生活的一部分。学会在忙碌中寻找平衡，给自己一些关爱和呵护，你会发现，这样做不仅能让自己更加轻松快乐，还能在面对挑战时更有力量。记住，照顾好自己，才是对自己最好的负责。

开启正念冥想：深度放松，减轻精神负担

内耗难题

赵楠是个对自己要求标准极高的人，期望在工作与生活中都能取得出色的成就。然而，这个时代的信息洪流却让她身陷无尽的内耗与苦恼之中。

每天，她坐在办公桌前，努力想要全神贯注地完成一项重要任务。但刚投入不久，手机的短信提示音就会响起，电脑上也会有新的邮件通知弹出。她总忍不住去查看，心想也许有急事需要即刻处理。结果，一件事还未结束，就被这些突如其来的信息分散了精力，变成了同时要应对多件事情。

在工作上，她总是担忧自己做得不够出色，害怕遗漏重要的信息，于是频繁地查看手机和电脑。晚上回到家，她也难以放松身心，脑海中还在盘旋着未完成的工作和那些接连不断的信息。

长期的压力和焦虑让她的身体状况也亮起了红灯。她时常头

疼、失眠，心情越发低落。她觉得自己陷入了一个难以挣脱的旋涡，不知所措。

智慧点睛

在当今这个信息爆炸、快速变化的时代，我们常常需要承受巨大的压力，这使得我们难以全神贯注。对于那些希望在这样的环境下保持积极向上的人来说，正念冥想是一种极为有效的工具。正念冥想能够驱散悲伤与忧郁，终结痛苦与焦虑，通过慈悲与理解的途径达到心灵的释放。它是一种平衡、温和且不带偏见的注意力训练方式。通过正念冥想，我们能够清晰地观察事物，并从各种习惯性反应中解脱出来。

反内耗知识

正念冥想的三大好处

在当今这个纷繁复杂的世界里，正念冥想如同一股清流，为我们提供了治愈身体、情绪和意识的独特途径。这种古老的修行方式，通过深入的观照，引领我们走向内在的平和与宁静。本文将探讨正念冥想带来的三大好处，让你对其有更深的了解。

1. 深入观照：倾听内心的声音

正念冥想的疗愈之力源自我们天生具备的深度倾听能力，这种能力称为“深入的观照”。这种内省并非依赖于视觉或听觉，而是通过我们的心灵与内在精神来实现。在冥想的过程中，我们学会了全身心地沉浸于这个世界之中，以平衡与领悟的心态去体验世间的种种喜怒哀乐。借助深刻的内省，我们能够挣脱惯性思维的枷锁，进而赢得心灵的解脱与自由。

2. 觉察身体：与自我和解

当我们开始正念冥想练习时，或许期望能够达到平和与宁静的状态。然而，在多数情况下，我们最初感受到的却是体内的紧张与不适。这些紧张与不适，常常是我们长久以来忽视的身体信息。通过冥想，我们学会了察觉这些身体信号，并与之达成和解。我们不再逃避或抗拒身体的感受，而是学会安住于身体之中，以正念去接触那些不易面对的部分。这种与身体的和解，使我们对自己的身体状况有了更深入的了解，从而能够更有效地关爱自己。

3. 拥抱变化：接受生命的无常

正念冥想还引导我们接纳生命的无常本质。在冥想实践中，我们经历着身体的各种感觉，诸如刺痛、温热、寒冷或疼痛，以及压力的缓解。这些感觉向我们揭示，生命是一个持续演变的过程。我们学会了不再去努力修正或躲避这些变化，而是拥抱它们的存在，并从中发掘内在的平和。这种接纳，使我们更加珍视每一个瞬间，充分体会生命的曼妙。

实战演练

苏苏很有上进心，每天到了办公室，她本想专心致志地完成手中的项目策划，但一会儿同事发来消息询问工作进展，一会儿领导又安排新的任务。一项工作尚未圆满完成，就被迫同时处理多项事务，她的思绪变得杂乱无章。长期处于这种高压状态下，苏苏变得焦虑不安、烦躁易怒。

有一次，在与朋友闲聊时，朋友提到了正念冥想。朋友说正念冥想能够助人克服焦虑和痛苦，让人寻得内心的宁静。苏苏听后，决定尝试一下。

她开始了解正念冥想的方法。她尝试着在安静的环境中坐下，合上双眼，专注于自己的呼吸。起初，她的脑海中还是会不断涌现各种杂念，但她努力不被这些杂念所左右，渐渐地将注意力重新聚焦于呼吸之上。

她也尝试在身体中培养关于身体的正念，感受身体的每一个部位，放松那些紧绷的肌肉。在感受中培养关于感受的正念，当情绪浮现时，不加以评判，只是静静地观察。

随着时间的推移，苏苏发现自己的心态发生了一些变化。她不再那么容易被外界的信息所干扰，内耗也有所缓解。

总结时刻

开启正念冥想，就是给自己一次深度放松的机会，让精神从日常的重压下解脱出来。找一个安静的地方，坐下来，闭上眼睛，深深地呼吸。不需要刻意追求什么，只需让自己的思绪逐渐平静，感受每一次呼吸带来的宁静。在这个过程中，你会发现自己逐渐远离了外界的喧嚣，内心的纷扰也慢慢消散。

享受阅读疗愈：书海遨游，汲取心灵智慧

内耗难题

一项调查显示现代人普遍存在心理内耗现象，李悦觉得自己就是其中一员。面对未来的迷茫和生活中的困扰，她越来越疲惫和焦虑。渐渐地，她开始沉迷于网络，在虚拟的世界里寻找短暂的慰藉。她会在下班后不停地刷社交媒体，看别人精彩的生活，这让她内心感到更加空虚。

有时候，她也会玩游戏到深夜，试图逃避现实的压力。然而，当游戏结束，疲惫和焦虑又会再次袭来。她知道自己这样只是在消耗时间和精力，却无法自拔。

她也曾想过改变，可每次一想到要面对那些复杂的问题，她就又退缩了。书籍，那本应是孕育智慧的土壤，却被她遗忘在角落。她不知道，在那些被她忽略的书页中，或许藏着她一直苦苦追寻的答案。但此刻，她依然深陷在内耗的旋涡中，无法挣脱。

智慧点睛

调查显示，现在的人们经常会有心理内耗的问题，特别是在遇到不确定的情况时。不少朋友可能都有这样的感受，当感到迷茫和烦恼时，大家更容易沉迷于网络、游戏或者别的娱乐活动。但其实，书籍才是培养智慧的好地方。研究显示，读书不仅能让我们看到更广阔的世界，还能增强我们的情绪管理能力。

反内耗知识

阅读疗愈：心灵的滋养与内耗的缓解

在快节奏的现代生活中，人们常常感到心理压力和内心消耗。然而，有一种有效的方法能够帮助我们疗愈心灵、缓解内耗，那就是阅读。通过阅读，我们可以与文字对话，从中汲取智慧和力量，让自己的内心世界得到滋养和疗愈。

1. 精选书籍，滋养心灵

选择适合自己的书籍是阅读疗愈的第一步。心灵成长类书籍，如《少有人走的路》《遇见未知的自己》等，能够引导我们深入理解内心世界，提供应对生活挑战的方法。文学作品，如《百年孤独》《活着》等，通过触动情感，让我们体验不同的人生，拓宽视野，减轻对自我问题的过度关注。传记和回忆录，如《史蒂夫·乔布斯传》《苏东坡传》等，则通过他人的经历激励我们面对困境，获得力量和勇气。

2. 营造环境，沉浸阅读

一个安静、舒适的阅读环境对于阅读疗愈至关重要。我们可以选择书房、图书馆的角落或公园的长椅作为阅读场所，确保没有干扰，让自己能够专注地阅读。同时，营造舒适的氛围也很重要，比如点一盏柔和的灯、泡一杯热茶或放一些舒缓的音乐，这些小细节都能帮助我们放松身心，更好地沉浸在阅读的世界中。

3. 实践阅读，融入生活

将阅读融入生活，是实现阅读疗愈的关键。我们可以制订阅读计划，设定每周或每天的阅读目标，让阅读成为一种习惯。同时，利用碎片化的时间进行阅读，如在公交车、地铁上或排队等待时，使用电子书阅读器或手机上的阅读软件，方便随时阅读。更重要的是，将书中的建议和方法应用到实际生活中，通过实践真正体会到阅读的价值，实现心灵的疗愈和内耗的缓解。

实战演练

白妍在一家竞争异常激烈的公司任职，每日都要承受巨大的工作压力和错综复杂的人际关系。经济压力如影随形，让她时常觉得有一座无形的重担压在心头。

渐渐地，白妍发现自己深陷于严重的心理内耗之中。在最为迷茫和困扰的时刻，和许多人一样，她试图通过沉溺网络和游戏来逃避现实的困扰。然而，每一次短暂的逃避之后，内心的空虚与焦虑反而越发强烈。

一次偶然的机会，白妍踏入了一家书店。在书架间徘徊时，一本名为《心灵的慰藉》的书籍吸引了她的注意。她翻开书页，其中的文字仿佛拥有一种魔力，让她那颗浮躁的心逐渐归于平静。

自那以后，白妍踏上了她的阅读之旅。她利用业余时间沉浸于书海之中，广泛阅读关于心灵成长和自我疗愈的各类书籍。在书中，她看到了许多和自己一样经历过迷茫和内耗的人们，也汲取了许多应对困境的智慧。

随着阅读的深入，白妍的心态悄然发生了变化。她不再过度沉溺于工作中的细微失误，而是学会了从失败中汲取教训。同时，她也不再为未来的不确定性而忧心忡忡，而是学会了珍惜当下的每一个瞬间。

总结时刻

古人说：“不吃饭则饥，不读书则愚。”多读几本书，可能不会让你立刻变得富有，但它能让你内心变得充实且高雅，让你的生活更加明白透彻、自由自在，精神上也更加快乐满足。当你对某件事有了深入的了解，就不会太在意它；当你真正理解了，接受起来也就更容易了。所以说，阅读是减轻内心消耗的一个好办法。

忘记与放下：与苦难的过往道别，继续前行

内耗难题

李晴在少年时期，家庭经历了巨大的变故，父母创业失败，背负上了沉重的债务，整个家庭因此陷入了深深的困境。为了分担家庭的重担，李晴不得不提前终止了学业，外出打工来补贴家用。

在那些日子里，她饱尝了生活的艰辛。在工厂做着繁重的活儿，领着微薄的收入，还得忍受同事的欺凌和上司的苛刻。无数个夜晚，她独自在黑暗中流泪，觉得命运对自己太过不公。

随着时间的推移，家庭的债务逐渐得到清偿，生活也慢慢有了起色。李晴找到了一份稳定的工作，也建立了自己的小家。然而，过去的苦难却像一道阴影，始终缠绕着她，无法摆脱。

她常常会回想起那些痛苦的经历，让自己陷入无尽的内耗之中。在工作中，一旦遇到丁点儿的小问题，她就会异常焦虑，仿佛又回到了那个无助的境地。她会不停地反思自己的行为，哪怕只是一个微不足道的小失误，也会让她自责不已。

智慧点睛

面对过去，我们不应该一直陷在里面无法自拔，而是要学会释怀。可以把那些经历过的苦难藏在心底，或者找一个心里的角落把它们存起来，就像电脑里保存的文件一样，需要的时候再去查看，而不是让它们时刻占据着我们的思绪。

反内耗知识

如何缓解内耗

面对过去的苦难，我们时常难以释怀，导致内心消耗巨大。然而，学会放下，是通往内心平静与自由的关键。以下是从认知调整、情绪处理和行为改变三个方面入手，帮助我们缓解内耗，重新拥抱生活的策略。

1. 认知重构，接纳现实

首先，我们需要认识到过去的事情已经发生，无法改变。接受这一现实，是放下的第一步。告诉自己，苦难是人生的一部分，每个人都无法避免。其次，尝试从不同的角度看待过去的经历，也许它们让你变得更加坚强、成熟或有同情心。同时，培养感恩心态，关注生活中的美好事物，将注意力从苦难转移到感恩上，让内心变得更加平静和满足。

2. 情绪宣泄，寻求支持

面对过去的苦难，情绪处理同样重要。找一个信任的人倾诉自己的过往，可以减轻内心的负担，获得理解和支持。倾诉不仅有助于释放情绪，还可能从对方那里得到新的视角和建议，帮助自己更好地放下过去。此外，通过运动、写作、绘画、音乐等健康方式宣泄情绪，将内心的痛苦转化为创造性的表达，也是缓解内耗的有效途径。冥想与放松技巧，如深呼吸、渐进性肌肉松弛等，也能帮助我们平静内心，减轻焦虑和压力。

3. 设定新目标，培养新习惯

行为改变是放下苦难过往、缓解内耗的关键一步。为自己设定新的目标和计划，让生活有新的方向和动力。专注于未来的目标，可以减少对过去苦难的回忆。学习新技能、培养新爱好、参加志愿者活动或设定健身目标等，都能提升自信和价值感，让生活更加充实和有意义。同时，培养积极的生活习惯，如规律作息、健康饮食、定期运动等，也能改善身体和心理状态，增强抗压能力。

实战演练

苏然在大学毕业后进入一家公司，却遭遇职场霸凌，同事排挤和领导不公，这让她备受打击。不久后，家庭又出现问题，父母矛盾不断升级，最终离婚。这一系列打击让苏然陷入深深内耗之中，她的情感和思维仿佛被牢牢困在过去的痛苦中，整天沉浸在那些不幸经历里，无法自拔，不断回忆职场屈辱和家庭破碎，对未来充满悲观，觉得人生一片黑暗，日子过得浑浑噩噩。直到有一天，她偶然间看到一句话："学会忘记，才能有信心面对现在的生活。"这句话如同黑暗中的一道曙光，让她开始反思自己的状态。

苏然决定尝试忘记过去的苦难。她开始努力调整自己的心态，把那些痛苦的回忆当作人生的一次历练。她告诉自己，过去的已经过去，不能让它继续影响自己的未来。

她像筛子一样过滤自己的记忆，把那些美好的回忆留下，而把经历的苦难筛掉。她回忆起大学时和朋友们一起度过的快乐时光，回忆起曾经看过的美丽风景。这些美好的回忆让她的心情逐渐变得开朗起来。随着时间的推移，苏然的内耗逐渐减少。她不再为过去的事情而烦恼，而是充满信心地迎接未来的挑战。

总结时刻

忘记与放下，是与苦难的过往和解的第一步。每个人的生命中都有难以言说的痛，但沉溺其中只会让心灵更加沉重。我们需要学会接受现实，明白过去无法改变，把那段经历深藏心底，像关闭一扇沉重的门。试着去关注生活中的美好，与家人朋友分享内心的感受，通过运动、艺术等方式释放情绪。只有真正放下，我们才能轻松前行，迎接更加光明的未来。与苦难的过往道别，是为了遇见更好的自己。

保持平常心：活在当下，以平和心应对一切

内耗难题

罗莱从小就有股不服输的劲儿。在学校里，每当看到同学取得好成绩，他心里就暗暗较劲，马上投入更多时间和精力去学习，非得赶超不可。同学在各种比赛中获奖，他也不甘落后，积极参与各类竞赛，努力展现自己。

进入职场，罗莱的竞争欲越发强烈。看到同事快速升职加薪，他暗下决心，一定要做得更好。于是，他成了办公室的“拼命三郎”，频繁加班到深夜，主动承担繁重的工作任务。但随着日子推移，罗莱发现身边同事一个个买房买车，生活优渥，而自己还在为房贷苦苦挣扎。巨大的压力让他逐渐力不从心，工作效率大不如前，还经常头痛失眠。他明白自己不能再这样下去，可又不知该如何打破这个困局，调整好心态，重新找回那个积极向上的自己。

智慧点睛

在如今竞争激烈的社会中，不少人会陷入对物质的狂热追求中，心态失衡。他们常常盲目崇拜他人，不停地向前冲，不知终点在哪里。因为内心不宁静，无法平和地看待自己和世界，被生活的重担压得喘不过气，却又找不到释放出口。其实，想过更好的生活没错，但这样下去只会让自己陷入无尽的苦恼中。

反内耗知识

如何拥有平常心

“非淡泊无以明志，非宁静无以致远。”在当下快节奏、高压力的社会中，人们常常深陷于外界的喧嚣中。追名逐利似乎成了一种普遍的常态，然而，真正的生活智慧其实源于一颗平常心。

1. 平常心，智慧生活的定海神针

“不以物喜，不以己悲”，平常心并非消极避世，而是一种超然的态度。当我们拥有平常心时，就能在外界的风浪中保持内心的宁静。不会因一时的得失而患得患失，也不会被繁华的表象所迷惑。就如杨绛先生所说：“我们曾如此渴望命运的波澜，到最后才发现，人生最曼妙的风景，竟是内心的淡定与从容。”它让我们在面对生活的种种挑战时，能够冷静思考，做出明智的选择。

2. 珍惜当下，拥抱精彩人生

在追求物质的同时，真正的幸福往往藏在平凡之中。一颗平常心，让我们学会欣赏生活中的小确幸，不再为名利所累，而是享受与家人朋友的温馨时光，感受大自然的馈赠。我们要学会把握现在，

用心去感受每一个瞬间。正如泰戈尔所言："如果你因错过太阳而流泪，那么你也将错过群星。"过去已无法挽回，未来充满变数，唯有当下是我们能够紧紧握住的。只有珍惜当下，我们才能让生活绽放出绚丽多彩的光芒。

3. 感恩心态，开启幸福生活之门

一个懂得感恩的人，眼中总是充满对生活的美好希望。即使身处困境，他们也能保持积极向上的心态。感恩家人的关爱、朋友的陪伴、同事的协助，以及生活中的点点滴滴。感恩之心让我们更加珍惜拥有的一切，也让我们懂得如何去创造幸福。幸福并非取决于物质的丰富程度，而是源自内心的满足。当我们怀揣感恩之心面对生活，幸福便会如影随形。

实战演练

如今的张琪，日子过得平淡而幸福。清晨，她会迎着阳光去散步，感受那份宁静；晚上，和家人一起吃饭聊天，享受温馨的家庭时光。她还会时不时约上朋友聚一聚，珍惜每一次的相聚时光。她知道，真正的幸福就在这些平凡的日子里。

可曾经的张琪不是这样的。那时的她，心里老是爱和别人比较，看到别人成功就觉得不安。她的工作很忙，根本没有心思去感受生活中的美好。只要听说同事升职或者朋友有了新成就，她就会翻来覆去睡不着，心里特别焦虑。她不停地逼自己努力，却觉得离幸福越来越远。

直到有一天，张琪偶然参加了一个心灵成长活动。活动中，导师说的那句话深深地触动了她："幸福不是看你有多少东西，而是看你怎么看待你已经有的东西。"

从那以后，张琪开始试着放慢脚步，用心去体会生活的每一刻。慢慢地，她的内心变得平静。她不再为别人的成功而焦虑，而是专注于内心的幸福。她学会用平常心看待生活中的得失，每天都

过得很充实很快乐。张琪终于告别了过去的自己，找到了真正的幸福。

总结时刻

平常心是一种人生境界。它意味着在繁华中不迷失自我，在困境中不绝望放弃。以平和的心态看待得失，不过分追逐名利，珍惜当下所拥有的。平常心是一种智慧，让我们用一颗平和的心去接纳生活的不完美，在喧嚣的世界中找到内心的宁静。

倾听你的内心：与心灵对话，发现更真实的自己

内耗难题

张敏是个整天为生活和事业忙碌的年轻人。工作的时候，她老是听上司的话，就算安排的任务自己觉得不合适，也不敢说个“不”字。她怕被批评，担心丢了工作，默默承受着各种压力。对于同事的建议，她也总是盲目跟从，缺乏独立的思考与主见。

在生活方面，张敏同样如此。朋友组织活动，她从不考虑自身的兴趣爱好，只是随波逐流。买东西、玩啥、吃啥，都是听别人的意见。久而久之，张敏感到疲惫不堪，生活似乎失去了目标和意义。她不明确自己真正的追求是什么，也不知道未来的方向在哪里。

一次，公司要策划一个重要项目，让大家提意见。张敏心里有想法，可就是不敢说出来，怕被别人笑话。最后同事的方案被

采纳了，而张敏却觉得该方案并不完美，进而开始怀疑自己的能力。在生活中，张敏也经常碰到要做选择的时候。朋友叫她去旅行，她其实不感兴趣，但又不知道怎么拒绝，只好勉强答应。结果旅途中一点儿都不开心。张敏的心里越来越空虚，陷入了没完没了的纠结当中。

智慧点睛

在生活的舞台上，许多人往往忽略了内心那个小小的声音，说白了，就是主见缺失。细细想来，不少人之所以会在沮丧、恐惧乃至冲突中徘徊，究其根本，正是因为他们未曾真正倾听过内心的呼唤，从而迷失了方向，陷入了无尽的迷茫之中。

反内耗知识

关注内心世界

在人生的漫长旅程中，我们常常忙碌于外界的喧嚣，却忽略了内心的声音。其实，只有当我们真正关注内心世界，才能找到幸福的真谛。

1. 自我对话，释放压力

在快节奏的现代生活中，我们时常被压力包围，仿佛有一块巨石沉沉地压在心头。此时，学会自我对话至关重要。这并非简单的自言自语，而是深入探索内心世界，去了解自己真正的需求与渴望。通过与自己深度交流，我们能够找到压力的根源所在，进而摸索出解决问题的办法。在这个自我对话的过程里，我们不仅释放了内心的压力，还更加了解自己，逐渐成长为更加成熟且坚强的人。

2. 倾听内心，开启真实人生

生活中那些收获快乐与成就的人，往往是懂得倾听内心声音的人。他们不会盲目跟从他人，而是坚定地依照自己内心的指引行动。这种对自我的真诚与坚持，使得他们在人生道路上走得更加坚定从容。当面临选择之际，若我们能静下心来倾听内心，往往可以做出更符合自身意愿和利益的决定，从而开启真实的人生之旅。

3. 打造栖息地，享受宁静时光

在喧闹的生活里，我们要有一个属于自己的心灵角落。这个地方可以是家里舒服的一个小角落，也可以是外面安静的一处地方。在这里，我们能暂时把生活和工作的压力都放下，好好地跟自己聊聊天。我们可以想想过去做得怎么样，再计划一下未来要怎么做，这样能让生活变得更有意思。而且，这份宁静也会让我们更珍惜生活里的每一个小瞬间，好好地去享受生活的美好。

实战演练

陈波是个平凡的上班族，每天重复着相同的生活节奏，仿佛一台设定好程序的机器。工作上，他尽力满足上司和同事的期望，即便那些任务让他觉得枯燥无味；生活中，他也总是被朋友和家人的意见所左右，参加各种聚会，购买别人推荐的东西，却从未真正问过自己喜欢什么。

直到有一天，他在网络上偶然看到了一篇关于自我探索的文章，文章里提到要倾听内心的声音，才能找到真正的自己。这句话如同一颗石子，投入了他平静且无趣的生活中，激起了层层涟漪。他开始拒绝那些让他感到不自在的聚会邀请，勇敢表达自己对工作的看法和期望。他不再盲目地参加那些让他觉得不自在的聚会。当领导再次分配给他不感兴趣的任务时，他鼓起勇气，诚实地表达了自己的想法，并请求分配更符合他兴趣的任务。出乎意料的是，领导并没有生气，反而对他的坦诚表示赞赏。

渐渐地，陈波发现了自己对摄影的热爱。他利用业余时间学习摄影，沉浸在摄影的乐趣中。他不再在意别人的评价，而是专注于自己的内心感受，找到了属于自己的生活方式。如今，陈波已经不再是那个盲目跟从他人、缺乏主见的自己了。他学会了倾听内心的声音，找到了真正的自己。

总结时刻

倾听你的内心，是一场与心灵的对话。在忙碌的生活中，我们常常忽略了内心的声音。当我们静下心来，倾听内心的渴望，才能发现更真实的自己。这不仅能让我们明确人生方向，还能给予我们勇气去追求真正热爱的生活，开启属于自己的精彩旅程。

保持合理运动：唤醒身心能量，永葆活力状态

内耗难题

过了三十岁的小芳，生活仿佛被按下了慢放键。她不再像年轻时那样活力四射，而是变得越来越不爱动。每天最大的乐趣，就是窝在舒适的沙发里，手里永远抓着一包又一包的零食，享受着片刻的宁静与满足。

随着日子的流逝，小芳的身材也悄悄地发生了变化。原本苗条的身材逐渐变得圆润，脸上总是挂着满足的微笑，却也透露出几分慵懒的气息。

丈夫看在眼里，心里焦急万分。他深知，这样的生活方式对小芳的身体健康并无益处。于是，他多次耐心地劝说小芳，希望她能多出去走走，锻炼一下身体。可小芳总是懒洋洋地回应："哎呀，我不想动嘛，这样挺好的。"说完，又抓起一把薯片塞进了嘴里。对此，丈夫十分无奈。

智慧点睛

日常生活中，你是否总是感到力不从心，渴望更多的休息时间？这其实是因为你的身心正缺乏活力。而运动，正是重燃活力的绝佳途径。尽管许多人错误地认为，在感到疲惫时不应运动，但真相是，运动不仅有助于强化体质，提升免疫力，还能促进多巴胺和肾上腺素的分泌，从而改善心情。心理学中的“具身认知”理论强调了身心之间的紧密联系，意味着当你情绪低落时，通过运动来激活身体，可以带动心理状态的改善，让你重新焕发积极向上的精神风貌。

反内耗知识

如何养成运动的好习惯

在快节奏的现代生活中，保持身心的健康和活力显得尤为重要。而运动，正是我们实现这一目标的不二法门。然而，很多人对运动望而却步，认为它是一项艰难的任务。其实，只要掌握了正确的方法，养成运动的好习惯并不难。下面，我们就来分享几个实用的建议，帮助你轻松开启并坚持运动之旅。

1. 从简单开始，培养运动习惯

在刚开始尝试运动的时候，不少人可能会因为体力不足或缺乏运动习惯而感到难以持续。为了解决这个问题，可以从简单的运动项目开始，比如和朋友出去散步，或者跟随健身视频一起锻炼。这些入门级的运动方式不仅容易掌握，而且能够在不知不觉中培养你的运动兴趣，使你在愉悦和放松的状态下逐渐爱上运动。

2. 适度运动，量力而行

运动持续的时间和强度对于能否坚持下去起着关键作用。在刚尝试运动时，应避免设定过长的时间和过高的强度。有些人急于求成，一开始就进行高强度的锻炼，结果往往适得其反，导致身体疲劳和兴趣减退。因此，根据个人的体能状况，采取循序渐进、细水长流的运动方式更加适宜。这样既能避免过度疲劳，又能让人在运动中找到乐趣，持续享受运动带来的好处。

3. 设定目标，持之以恒

有了一个良好的开端后，关键在于找到维持动力的方法。这时，设定具体且可行的锻炼目标显得尤为重要，比如每天散步一小时、每周跑步十千米。此外，与志同道合的朋友结伴锻炼也是个不错的主意，大家能够互相激励、互相监督。每当达成一次锻炼目标后，不妨记录下这一成就，并给自己一些正面的反馈和鼓励。这样的做法不仅能让你及时感受到进步的喜悦，还能进一步激发你持续锻炼的动力。

实战演练

最近，李梅发现自己的肚子上悄然出现了一个“游泳圈”，曾经轻松驾驭的衣服也变得紧绷绷的。站在镜子前，她下定决心要改变自己，开始减肥。

起初，李梅选择从散步开始。每天傍晚，她都会换上轻便的运动装，在小区的花园里悠闲地散步。微风拂面，她感到身心都得到了放松。渐渐地，她发现散步已经不能满足自己的需求，于是开始尝试小跑。每天傍晚，她都会迎着夕阳，在小区的跑道上挥洒汗水。

不仅如此，李梅还加入了一个登山爱好者的小团体。每逢周末，她都会和朋友们一起前往郊外，攀登一座座山峰。在攀登的过程中，她不仅锻炼了身体，还结识了一群志同道合的朋友。他们互相鼓励，共同面对挑战，让李梅感受到了前所未有的成就感。

经过一段时间的坚持，李梅发现自己的身体发生了显著的变化。肚子上的“游泳圈”不见了，衣服也重新变得宽松舒适。更重要的是，她变得更加自信和开朗。

现在，李梅已经将自己的锻炼目标定为了长跑，并梦想着有一天能参加一场马拉松比赛。她知道，前方的路还很长，但她已经准备好迎接挑战，继续书写属于自己的减肥故事。

总结时刻

合理的运动不仅能帮你甩掉多余的脂肪，还能唤醒沉睡的身心能量。每天抽出点时间，散散步、跑跑步，或者做些简单的瑜伽动作，都能让你的身体充满活力。运动不仅能让你更强壮，还能让你心情更好，笑容更灿烂。别再犹豫了，赶紧动起来吧！让运动成为你永葆活力的秘密武器，每天都过得元气满满！

反内耗心得

读完这一章的内容，你对反内耗有什么感受？请结合自己的情况，把它写下来吧！